体育文化传播:案例与分析

主　　　编:陈　珊　杨　楠
副　主　编:李尚清　邹文华　刘月玲　宋　杰　熊前莉　姜玉香
案例采编小组:洪金涛　秦瑞泽　阮玥莹　徐　悦　钟美敬　韩　琪
邵米儿　刘　畅　李剑文　冯光梅　王学昊　宋泽宇
商呈迪　王泽皓　蔡明明　刘　婷　李　翔　汤祖寰

華東理工大學出版社
EAST CHINA UNIVERSITY OF SCIENCE AND TECHNOLOGY PRESS
·上海·

图书在版编目(CIP)数据

体育文化传播:案例与分析:英文、汉文/陈珊,杨楠编著. —上海:华东理工大学出版社,2023.3(2025.1 重印)

ISBN 978-7-5628-6678-7

Ⅰ.①体… Ⅱ.①陈… ②杨… Ⅲ.①体育文化-文化传播-研究-中国-汉、英 Ⅳ.①G812

中国版本图书馆 CIP 数据核字(2023)第 005780 号

项目统筹 / 陈艺方
责任编辑 / 侯湉丽
责任校对 / 陈 燕
装帧设计 / 徐 蓉
出版发行 / 华东理工大学出版社有限公司
地址:上海市梅陇路 130 号,200237
电话:021-64250306
网址:www.ecustpress.cn
邮箱:zongbianban@ecustpress.cn
印　　刷 / 江苏凤凰数码印务有限公司
开　　本 / 710 mm×1000 mm 1/16
印　　张 / 12.25
字　　数 / 218 千字
版　　次 / 2023 年 3 月第 1 版
印　　次 / 2025 年 1 月第 2 次
定　　价 / 48.00 元

前　言

随着经济的发展和国力的增强，我国在体育领域也越来越积极地参与国际赛事组织活动，2008年北京奥运会成功举办，2022年北京又成功举办冬季奥运会。许多城市也以体育为中心展开城市建设，上海就是其中之一。早在2002年，上海就提出要建设成为亚洲一流体育中心城市的发展目标，2015年又明确了要建设成为全球著名体育城市。这些年，围绕这个目标，上海从国际上引入了不少知名的体育赛事，旨在通过扩大赛事影响力来提高城市的竞争力。在体育经济的带动下，中国传统体育文化与西方体育文化的交流越来越多，影响也越来越大。例如，2020年，太极拳被列入联合国科教文组织人类非物质文化遗产代表作名录，这表明中国体育文化得到了世界的认同，体育全球化体现出了多元体育文化并存、共同发展的趋势。在这种趋势下，由于中西体育文化理念不同，必然会出现矛盾和冲突。西方体育文化强调战胜自然，强调科学性、竞技性；中国体育文化则强调修身养性，强调与大自然的和谐相处，但只要两种文化在碰撞中能达到相互交流、互相补充、彼此协调发展的效果，就能使体育文化不断发展。

在国际关系中，文化交流的地位和作用越来越突出，这种交流是双向的：一方面，我国积极主动地将中国传统体育文化展示给世界，在党的十九大报告中，习近平总书记指出："文化是一个国家、一个民族的灵魂。"习近平总书记指出，要推进国际传播能力建设，讲好中国故事，展现真实、立体、全面的中国，提高国家文化软实力。另一方面，在中国传统体育文化走向国际的同时，将世界优秀体育文化"引进来"，积极借鉴和吸收西方体育文化的优秀成果，可以使中国体育文化不断得以丰富，同时能在沟通中不断加强理解，在交流中不断促进融合。因此，在构建全球社会文化生态系统中，更加要做好体育文化的全球化和本土化，走出一条中国特色社会主义体育文化建设道路，《体育文化传播：案例与分析》一书正是在这样的背景下编写的。

本书主要从中国体育文化"走出去"和西方体育文化"引进来"两个方面进行分析，前者以武术为例，分析了中国传统体育文化"走出去"的现状，后者以上海建设全球著名体育城市为例，分析了国际体育赛事引入上海的现状，并对两个方面存在的问题进行了研究，提出了一些建议，以期为中西体育文化的交流和发展做出些许贡献。

本书以武术国际传播和国际体育赛事引入中国的传播形式、途径作为研究对象。全书分为两个板块:一是对中国传统体育文化对外传播的现状、问题进行定性和定量的分析,具体以武术为例,对其目前对外传播中的两种主要形式——武术竞赛和健康传播进行全面分析,从而找出体育文化交流中存在的问题,并提出相应的建议和策略;二是对西方体育文化在中国的传播现状、问题进行定性和定量的分析,具体以上海建设全球著名体育城市为例,基于上海提出的全面建设全民健身公共服务体系,不断提升体育赛事影响力的目标,全面分析上海建设现状、国际体育赛事与上海城市形象的契合度、国际体育项目的本土化建设、外籍人士的跨文化管理、乒乓球在上海的融合发展等,从而找出问题,并提出相应的建议和策略。在以上两个板块中,本书不仅从理论角度对体育文化的传播形式进行了全面分析,找出问题,提出策略,还针对相关问题进行了文化采访和对话,从实践角度对体育文化传播和发展的问题做了进一步的阐述。

在武术作为中国传统体育文化"走出去"方面,本书重点关注两个方面:一是其通过武术竞赛的传播。这个方面尽管赛事不少,但是具有国际影响力的赛事不多,传统武术赛事规则不统一,群众基础不够好,市场推广手段单一,很多中外赛事消费者认为尽管武术赛事令人激动,有用有益,但这种赛事与他们关系不大;二是以太极拳为主的健康传播。但是这种传播存在受众需求认识不清,以及太极拳典籍作品英译中质量不太理想的问题。

在西方体育文化"引进来"方面,本书主要以上海为例,分析发现上海与世界知名体育城市的差距在于体育文化特色不明显,市民体育知识有待丰富,在体育场所须规范个人行为,上海体育信息传播不太畅通,引入体育赛事也没有考虑消费者对赛事的态度。

本书在对以上的传播问题进行具体分析之后,提出了"国际体育品牌本土化传播"的概念,并结合四个要素,即文化品牌的核心理念、传播渠道和方式选择、受众的需求和传播效果,对这个概念做了界定:当体育品牌达到国际化高度时,根据目标受众文化环境,在维护产品核心理念的同时,结合目标受众需求,确定传播视角,适当地根据市场环境调整品牌文化特色展现方式,运用恰当的传播手段和方式,减少文化冲突,将体育品牌成果进行本土化传播。

本书从中国传统体育文化对外传播和西方体育文化在中国传播两个方面,针对目前的传播状况进行了观察和分析,发现中西体育文化对话和交流中,保持文化和而不同的方式是既要保留本民族文化的核心内涵,又要考察受众文化环境,确立以受众需求为导向的跨文化传播方式。希望本书可以为体育文化传播提供一定的参考。

本书的完成有赖很多人的付出，本书的采访部分是由上海体育大学英语专业的学生采访团队完成的，采访的内容为本书理论的分析提供了很好的实践观察角度，在此特别感谢他们的辛勤付出，也特别感谢上海体育大学新闻与传播学院的杜友君教授在本书的编写和出版方面给予的帮助和支持。

陈　珊

2022 年 12 月于上海

目　录

上编　中国体育文化“走出去”——以武术为例

上编

中国体育文化“走出去”——以武术为例

第一章　中西体育文化差异与体育文化传播[①]

1.1　体育文化的定义

在对比中西体育文化的差异之前，我们要了解什么是文化，什么是体育文化。英文和法文中的文化一词是从拉丁文 cultura 演化而来的，其包含耕种、居住、练习、留心或注意等义项。到了 19 世纪中叶，西方兴起如人类学、社会学等一些新的人文学科，被称为“人类学之父”的英国人泰勒(E. B. Tylor)是最早提出把文化作为专门术语的研究者，他认为文化是一个包括知识、信仰、艺术、道德、法律、风俗，以及人类在社会里所习得的一切能力与习惯的复杂综合体。自此以后，不少西方学者给文化下过定义，以至于形成了多种关于文化的定义。根据德国哲学人类学家米夏埃尔·兰德曼(Michael Landmann)的定义，文化是“由人自身的自由的首创性所创造的，正是由于这个原因，人赋予文化如此多样的形式：一个民族不同于另一个民族，一个时代区别于另一个时代”(米夏埃尔·兰德曼，2006)。

体育文化作为一种社会现象，也具有文化的属性，它由人类在社会生活和实践中创造和产生，通过有形的或无形的形式表现出来，具有独特的存在方式。它反映出一个国家、民族以及时代的特征，也影响人们价值观念的形成。由于社会环境不同，体育文化也具有民族的特征，因此，也会具有差异。我国体育社会学家卢元镇(2018)则认为，“体育文化是关于人类体育运动的物质、制度、精神文化的总和”。

---

① 本章基于编者 2010 年发表在《湖北经济学院学报(人文社会科学版)》第 7 期的文章，编者对文章部分内容进行了更新和补充。

1.2 中西体育文化的差异

中西体育文化的差异主要是指体育物质文化、体育制度文化和体育精神文化等方面的不同。体育物质文化上的不同表现在中西体育运动的服装、器械和场地等方面的不同。体育制度文化的不同情况则较为复杂,以武术为例,武术是以"武德比山重,名利草芥轻""以和为贵""重义轻利"为约束的,可见武术的发展以道德约束为主;而西方竞技体育多以制度为约束,以保证其激烈竞争和对抗能在公平的环境中顺利进行。中西体育文化的差异也表现在精神文化层面。首先,中国体育文化是以中国文化为根基的,也是以"以和为贵"这个中国文化的根本特征和基本价值取向为根基的。例如,《论语·子路》中有"君子和而不同,小人同而不和"的表述。因此,深受"以和为贵"思想的影响,中国体育文化更重视自我修养和自我提升,而不是对抗竞争。其次,中国哲学思维的显著特征之一——整体思维对中国体育文化影响深远。以武术为例,整体思维这一特征决定了武术中"天人合一,形神兼备""内六合,外六合,内外相合益处多"等内在精神。正是这种独特的内在精神反映了中国武术追求身与心、机体与自然,以及自身机体平衡协调发展。与中国文化不同,西方文化以"海洋文化"为特征,这种文化强调竞争、冒险、征服自然、改造自我。另外,西方哲学讲究天人相对、天人有别,因此,以西方文化和哲学为基础的西方体育文化强调竞争性,强调不断发掘人体的潜能,追求完美的物理机械运动,所以,西方体育运动主要以竞技运动项目为主。由于以上种种差异,当中国传统体育运动项目,例如太极拳这种具有中国传统文化内涵的项目在西方传播时,中西两种体育文化在相互交流的过程中必然会出现一定的冲突。

弗恩斯·特朗皮纳斯(Fons Trompenaars)和彼得·伍尔莱姆斯(Peter Woolliams)在《跨文化企业》中提出用七个维度来展现文化差异。这七个维度分别是普遍主义—特殊主义、个人主义—集体主义、具体专一—广泛扩散、情感内敛—情感外露、成就文化—归属文化、时间顺序—同步顺序、由内向外—由外向内。他们使用这一理论对中国、英国、中欧、美国、日本的地区文化差异进行了比较(详见表1)。下面我们将以中国传统体育运动项目的代表形式——武术的国际传播为例,对中西体育文化的差异进行深入比较。

表1　地区文化差异表

（弗恩斯·特朗皮纳斯，彼得·伍尔莱姆斯，2007）

维度	中国	英国	中欧	美国	日本
普遍主义—特殊主义	特殊主义	普遍主义	普遍主义	极强的普遍主义	居中
个人主义—集体主义	集体主义	较强的个人主义	较强的个人主义	极强的个人主义	较强的集体主义
具体专一—广泛扩散	较强的广泛扩散	具体专一	较强的具体专一	极强的具体专一	极强的广泛扩散
情感内敛—情感外露	情感较为内敛	居中	居中	情感外露	情感极其内敛
成就文化—归属文化	以归属文化为主	以成就文化为主	以成就文化为主	以成就文化为主	以归属文化为主
时间顺序—同步顺序	同步顺序	同步顺序	同步顺序	时间顺序	同步顺序
由内向外—由外向内	以外部为导向	以内部为导向	以内部为导向	以内部为导向	以内部为导向程度较高

（1）普遍主义—特殊主义

目前，在全国较有影响的武术传统拳种和地方拳种达百余种之多。类别繁杂、竞赛规则不统一，这就导致了武术赛事国际化推广比较困难。西方文化比较偏向普遍主义，他们对产品的需求可以总结为品种少、供应量大、规格统一，所以，纷繁复杂的中国武术流派在传播的过程中往往使西方受众无所适从。与武术的繁杂不同，由于技术体系简单实用，韩国的跆拳道在西方的接受度就远高于武术。

武术繁杂的体系也使得西方人对武术的理解比较混乱。他们将武术、功夫、竞技武术、传统武术等概念混为一谈，因此难免会对武术产生误解。在美国，每年举行的武术比赛中真正参加武术比赛的人数很少，但参加功夫、太极拳和推手等项目的人数却很多，而且其相应观众人数分布情况也一样。因此，在推广时，我们应该将广义的武术和狭义的武术概念厘清，对武术项目的竞技规则进行制度化改革和创新，以方便不同民族、不同语言、不同文化的人士理解和欣赏，并参与其中。

（2）个人主义—集体主义

在处理人与人之间的关系时，不同文化有着不同的倾向，主要分为两类：集体主义和个人主义。集体主义主张个人从属于社会，个人利益服从于集体、阶级、国家利益。中国传统文化强调集体主义，如孟子讲“天时不如地利，地利不如人和”。集体主义强调个人对群体、社会和国家的责任与义务。西方文化在处理个人与群体、社会的关系时，往往把个人与群体、社会分离开来，强调个人价值的中心地位。简而言之，西方的价值观强调个人独立，崇尚个人奋斗，追求个人享受。

在以集体主义为核心的中国传统文化影响下发展起来的武术文化，也在很多方面展现了其集体主义思想的特征。例如，在武术习练过程中，习武人更注重“武德”的培养，“以和为贵”“以武会友”与团结互助等以大局为重的集体主义精神都属于“武德”的范畴。但是，我们也要看到，武术也是以个人项目为主的运动形式，因此，从这个意义上讲，在崇尚个人主义的西方社会推广强调个人项目的武术文化是符合西方文化背景的。

(3) 具体专一—广泛扩散

欧美国家的文化属于具体专一的文化，而中国文化是广泛的、扩散强度较大的文化。以欧美国家为代表的西方文化注重所获取的信息本身，而以中国为代表的东方文化则更强调信息传播的方式。因此，在推广武术时，推广的重点应该是习练武术技能所带来的健身健心的效果，例如武术的精神支持作用。当前，一些西方有识之士开始研究东方文化中崇尚道德的元素，试图从东方的体育道德中寻求出路，所以，这也将是未来武术在国际化传播中需要大力发扬的。

(4) 情感内敛—情感外露

西方人士是情感外露型，尤其是美国人，他们特别提倡表达积极的情感。东方文化则以情感内敛为特征，往往给人留下不擅表达的刻板印象。然而，这一刻板印象在文学艺术的国际传播不断发展的今天得以改善，尤其是武术这些年通过好莱坞的影片已逐渐被西方人了解，特别是成龙在影片中用幽默的方式表达出来的功夫文化，已被越来越多的西方人认可。

(5) 成就文化—归属文化

包含中国文化在内的东方文化属于归属文化，而西方文化属于成就文化，强调绩效、可靠性和功能性。因此，在武术国际传播的过程中，我们需要根据西方文化的特点对推广项目进行必要的改革和创新。例如对于难度较大、伤害性较强、观赏性差，并且评价难度较高的项目进行合理取舍，在竞赛规则上要向跆拳道学习，学习西方的量化标准，加大规则的透明度，从而提高武术项目的绩效、可靠性以及功能性。

(6) 时间顺序—同步顺序

西方人，尤其是美国人，十分重视时间的金钱价值。对于产品，他们强调其节省时间的价值，在这一点上，跆拳道的形式就比较符合西方文化。西方人对于相对简单、学习时间短、见效快、比较实用的运动更易接受。如果我们将武术的竞技套路缩短，将武术竞技套路尽可能大众化，使训练周期缩短，就能让更多的西方人接受它。

（7）由内向外—由外向内

由内向外是指“对自然持机械的观点的那些人，除了相信人能支配环境外，往往将自身作为决定任何行动过程的出发点”。西方哲学讲究的是天人相对、天人有别。因此，西方体育文化强调竞争性，强调不断发掘人体的潜能，追求完美的物理机械运动，主要以竞技运动项目为主。

由外向内是指“持自然支配个人的有机观点的文化似乎将人的活动指向外界，指向其他人，他们将关注点放在环境上而不是自己身上”。中国武术文化就是由外向内。中国哲学思维的一个显著特征是整体思维，这个特征决定了武术中“天人合一，形神兼备”“内六合，外六合，内外相合益处多”等内在精神。正是这种独特的内在精神反映了中国武术追求身与心、机体与自然，以及自身机体的平衡协调发展。

由此可见，我们的武术文化和西方的体育文化有质的区别，但是武术中也存在一些竞争、征服的因素，这些与西方体育文化有相似性。

1.3　中国传统体育文化的国际传播

1.3.1　中国传统体育文化国际传播的意义

中国传统体育文化的历史源远流长。中国传统体育文化是随着社会生产、生活和文化的发展而发展的，其内容包含球类运动、射箭、角力、搏击，以及各种与当代体育项目有关的运动，甚至包含保健养生体育等。传统体育文化的发展与我国各民族文化密切相关，反映了这些文化的习俗、生活习惯、伦理道德、宗教信仰、行为准则、价值观念、思维方式、思想意识等。我国传统体育项目多达上千种，有不少流传了下来，并通过不断地发展，从而成为现代体育项目或者民间娱乐项目，构成了中国传统体育文化体系。

自古以来，中国传统体育文化就随着中华文明在世界范围内传播。比如五祖拳，泉州南少林拳系中最具代表性的拳种，在东南亚也具有广泛的学练基础和文化影响。另外，很多国家的传统体育项目也与中国传统体育有着深厚的历史渊源，比如日本的柔道和空手道、韩国的跆拳道等。

中国传统体育文化向国际范围传播会对我国的国家形象、民族文化、思想和价值观、经济发展等产生深远的影响,同时也具有以下几个方面的重大意义:

第一,中国传统体育文化独具魅力的哲学思想和美学价值的国际传播,丰富了世界文明的精神财富。以武术为例,在运动方面,武术是高度的力与美结合的项目,有一种矫健的运动之美。并且它还在养生、医学等方面具有一定的作用。

第二,中国传统体育文化的国际传播有利于构建健康和谐的国际社会。中国传统体育的核心价值符合和谐社会的发展理念。广泛开展以中国传统体育文化活动为主要内容的国际传播,既可以促进国民身体素养的提高,又有利于构建互信互利的国际社区文化生活。

第三,作为中国传统文化的重要载体,传统体育文化的传播有助于将中国文化在国际范围内进一步传承和发扬光大。中国传统体育中蕴含着深厚的中华传统文化思想,而随着中国传统体育文化在国际上的传播,这些优秀的中华传统文化思想也一起得以传播到世界各地,丰富了世界上各个国家的各种文化体系。

1.3.2　当代中国传统体育文化国际传播的现状

近年来,中国传统文化的国际传播发展迅速。例如,非营利性的孔子学院在全球广泛成立,帮助世界人民客观、全面地认识中国文化,为汉语言教育和中华传统文化在全世界的传播做出了巨大的贡献。当前我国传统体育文化的国际传播主要包括以下三个渠道:

第一,媒体传播渠道。利用大众媒体,例如电视、报纸等,以及网络媒体平台,对中国传统体育文化和比赛进行宣传。

第二,赛事传播渠道。进入 21 世纪以来,我国许多城市都通过举办体育赛事来进行城市营销,拉动城市经济发展。而中国传统体育,例如武术等,这些年也举办了不少国际性赛事,通过赛事进行文化传播也是一个有效的传播路径。

第三,孔子学院传播渠道。很多孔子学院会开设中国传统体育项目作为课程,还会开设讲座来进行传统体育文化的推广。

虽然中国传统体育文化的国际传播呈现快速发展的趋势,但是其中存在的问题也是不容忽视的。

第一,传统体育文化国际传播人才匮乏。目前,传统体育文化国际传播面临的主要问题是人才匮乏,主要表现在:一方面,很多较高水平的传统体育项目传承人普遍缺乏国际背景,很难完成国际传播的任务;另一方面,这些传承人缺乏专业的传播知识与手段，也无法承担传统体育文化国际传播的重任。鉴于这些状况，目前亟须将人才培养的目标定位为不仅要培养具有传统体育文化知识与技能，而且还需具备专业的传播知识与手段，同时具有国际背景和双语能力的人才，这也是当前培养传统体育文化人才的基本方向。人才匮乏的问题是目前传统体育文化国际化传播需要解决的首要问题，这需要相关部门予以充分的重视。

第二，传统体育文化的国际传播渠道比较单一。传播渠道指的是信息进行传递的途径或者媒介。以往我国传统体育文化传播大多是通过人际传播来实现的，后来也通过大众传播来进行，传播渠道比较单一的问题仍然是制约我国传统体育文化国际传播效果的主要问题之一。随着当今网络技术的发展，需要将多种传播形式融合起来，进一步提升传播效果。

第三，传统体育文化国际传播缺乏规范。我国传统体育项目在国际传播的过程中，受到传统与项目传承人体育技能参差不齐、场地数量不足、设施简陋等问题的困扰，这极大地限制了我国传统体育项目的发展，这些客观条件的规范性问题也大大影响了传统体育文化的国际传播效果。

1.4　武术国际化传播

1.4.1　武术国际化传播的必要性

第一，全球化使武术文化国际化传播成为可能。经济全球化的进程促进了不同文化之间的相互交流与借鉴，而体育文化虽然在全球各国都不相同，通过交流发展，各国体育文化可以互相借鉴，促进各自发展，同时也可以为各国人民的生活做出贡献，丰富当地文化内涵，达到各美其美，美美与共的效果。

在全球化时代，体育文化发展在一个人类命运共同体下“和而不同”，因此，具有三个特点：首先是体育文化多元并存，共促进，共发展；其次是体育文化之间相互尊重；最后是体育文化之间冲突与融合并存。

作为中国传统体育文化重要组成部分的武术文化，在体育文化全球化发展的新时期，其发展符合以上三个特点，适应多元并存、共同发展的趋势，这就使武术文化国际化传播成为可能。

第二，武术的文化内涵是武术文化国际化传播的基础。武术文化内涵丰富，包罗万象。首先，武术的思想渊源是中国古典哲学。中国古典哲学中的道家哲学、易学、五行学说等对武术文化的发展影响深远。其次，武术与宗教之间关系密切。宗教是一个各种文化观念、伦理观念、社会观念的复合体。例如，中国武术与佛道文化融合，武术习练者不仅要注重武艺的练习，还要通过内在心性的修炼，提升功力。此外，武术文化的重要内涵之一是武德观念。武德就是武术道德，指的是当人们在从事武术活动时所需要遵循的道德规范和应有的道德品质。另外，武术与传统的文学、艺术、医学、军事等方面都有密切的关系。武术文化丰富的内涵为其国际化传播的实践提供了内容基础。

第三，世界受众对武术健康价值的需求是武术文化国际化传播的动力。随着世界经济的不断发展，人们对健康的认知发生了转变。"没有疾病"只是健康的一部分，人们开始更多地关注健身养生，以保持健康、预防疾病、降低患病的概率等。人们对健康的渴望及重视进一步促进了健康传播的发展。经过数十年的发展，健康传播在美国已成为一个相对完善、成熟的学科领域。美国传播学者罗杰斯(E. M. Rogers)对于健康传播的认识也在不断地发展。1994 年，他认为健康传播是一种将医学研究成果转化为大众的健康知识，并通过态度和行为的改变，以降低疾病的患病率和死亡率，有效提高一个社区或国家生活质量和健康水准为目的的行为。而到了 1996 年，罗杰斯对健康传播又做了进一步补充，他提出凡是人类传播的类型涉及健康的内容就是健康传播。简而言之，健康传播的目的就是要"控制"人们的行为朝着健康的行为方向转变，其研究议题广泛，但最终目的都是提高人们的健康水平，延长寿命。以太极拳为例，其健康价值已被大量科学研究证明，可以说，太极拳符合当代人对于健康的需求，也可以实现健康传播提高人们健康水平的目标。在美国，中老年人是太极拳的主要受众，选择练习太极拳主要是为了健身，可见美国受众对太极拳的健身价值和文化理念的认同度较高。在韩国，有的人认为武术的价值在于健身，也有的人认为在于技击，还有的人认为在于教育。目前，以服务人们的健康需求为目的的武术国际化传播已经成为武术文化国际化传播的动力。

1.4.2 武术国际化传播发展路径

目前，体育全球化已成为发展的大趋势，但西方化成为主要的特征，这就不可避免地影响了其他国家体育文化的发展。中国传统武术是农耕社会环境的产物。面对以西方体育文化为主导的体育全球化的冲击，中国传统武术要在保持本民族体育自主独立性的基础上融入体育全球化潮流，路漫漫，我们将如何上下求索？

目前，针对中国传统武术在体育全球化语境中的发展，学界、武术界提出了以下观点：

第一，传统武术竞技体育化发展方向备受关注（马晰，2016：133－134）。这一观点认为，传统武术无论是在国内还是在国外，只有走竞技体育之路，培养武术精英，才能够与其他西方体育项目一样被广泛认可。所以，这方面的研究主要集中讨论制定竞技武术套路内容，制定和完善符合传统武术文化价值和技术特点的赛事制度，推广武术赛事，建立传统武术段位制，加速传统武术标准化。

第二，除了竞技化发展方向，传统武术大众化健身发展方向同样也是众多专家学者关注的焦点。作为中国传统文化的一种积淀，在现代社会，武术的技击功能已大大退化，强身健体和修身养性才是武术吸引国内外广大习武爱好者的重要因素。所以，精英化不是中国传统武术在世界舞台上争取立足之地的撒手锏，相反，大众化才是推动传统武术在体育全球化发展态势下可持续发展的源头。广泛的群众基础是传统武术发展的重要根基，充分利用这一资源，对于武术的传播至关重要（张俊杰，刘舟，2016：10－12）。

第三，还有学者提出传统武术的发展应以人为本。保护传统武术，要关注武术传承的主体，即民间武术传人（郭玉成，2007：40－44）。中华传统武术本身民间流传的特性，决定了发展传统武术必须从保护传统武术开始，博物馆、武术书籍、音像制品固然是其传承的载体，但是对民间武术传人进行保护性资助，才能确保传统武术文化的传承和延续。

第四，也有学者提出传统武术应该进入学校教育系统。由于学校武术教学内容与目前武术竞技化教学相悖，所以传统武术进入校园应该保证内容大众化，避免以竞技武术教学要求和训练方法来要求习练的学生。同时，树立武术教育国际化的教育理念是传统武术融入体育国际化的重要出路（李龙，虞定海，2009：81－84）。中国武术作为我国优秀的传统文化，加强武术教育的国际交流有益于武术的国际化发展。

与传统武术在新时代背景下发展方向的研究相适应，武术文化国际化传播路径的研究也呈现出多样化的态势，既为中华传统武术文化的国际传播提供了理论依据，又提供了实践指导。根据对当前研究文献的梳理和分析，学界对武术文化国际化传播的路径提出的建设性建议包括：第一，从培养人才传播能力的角度，提出了培养具有国际化视野、武术技艺精湛，且兼备较高外语交流能力和国际传播素养的武术文化传承人；第二，从培育国际性竞技武术赛事体系的角度，提出了建立规范的国际性竞技武术赛事，以进一步激发武术文化传播的动力，为武术文化在国际范围内的广泛传播与发展奠定坚实的市场基础；第三，从国际传播的内容重心的角度，提出了“从传播学的角度，技术传播的效果是有限的，而文化传播的效果是无限的”，认为武术作为中国传统文化，其传播也要遵循文化传播的特点。

此外,田学建与邱丕相(2007)提出传统武术国际化发展必须以人为本,坚持中国文化主体。一方面,中国传统武术应在其全球传播的过程中坚持以强身健体为目的,以修身养德为核心的特色,重点传播传统武术的内涵文化。另一方面,由于竞技武术已成为当代武术的文化标志,对国外而言,它是民族传统体育项目,但是,它也是一个不断与西方体育文化接轨,努力走向奥运的竞技项目。当前,在体育全球化背景下,中华传统武术的崛起不仅是学界关注的焦点,也是全球华人关注的焦点,我们需要在保持武术传统特色的基础上,走出一条继承与发展的中华传统武术崛起之路。在后续章节里,本书将分别从武术国际化传播品牌建立、竞技赛事传播和太极拳健康传播三个方面进行分析。

【文化对话】奥利弗:武术是一种生活态度

某教育机构的专职教师 Oliver,中文名为奥利弗,来自英国。2015 年时决定和女朋友一起来中国尝试新的职业和生活,去过北京、广州等地。他喜爱功夫、体育、阅读、喝茶等。在他 16 岁时,父亲送给了他一本《道德经》,由此开始接触中国武术,并对中国的武学文化、武功哲学产生了浓厚的兴趣。他通过网络结识了他的师父,经过几年的交流学习,如今奥利弗已精通咏春拳与螳螂拳,尽管没有参加过比赛,但他愿意在未来有所尝试。奥利弗梦想着开设一所属于自己的武术学校,还希望能拥有一个老房子,在里面练习功夫,教授武术课程,做任何想做的事情。

我在中国生活

我叫 Oliver,来自英国牛津,管理学硕士。目前在教育机构做一名英语老师。我有许多爱好:功夫、足球、羽毛球、网球等体育项目。我也喜欢阅读、写作、喝茶,更喜欢中国历史和文化。我对许多事物都充满兴趣。2009 年,受到朋友邀请,我第一次来到中国。我对功夫和武术,还有中国文化和历史有很大的兴趣,我非常想要接受中国文化的熏陶。2013 年,我毕业并取得了硕士学位,认识了我的女朋友,她是中国人,我们在伦敦工作生活了一年半。之后,我们决定来中国尝试新的职业和生活。我去过苏州、北京、广州、深圳、建阳、潮州、梅州等城市。我的汉语水平一般,但是我会在女朋友和中国同事、朋友的帮助下努力练习。我希望能长期待在中国。

我习武的过程和对功夫的看法

我最初对功夫产生兴趣是在 16 岁,我的启蒙老师是我的父亲。他送给了我一本《道德经》,读了这本书后,我对中国的武术文化、武功哲学产生了浓厚的兴趣。最初吸引我的是太极拳,为此,我阅读了一些有关太极拳的书籍。我的偶像是李小龙,由于他学的第一门武术是咏春拳,所以我在 18 岁读大学一年级的时候也开始学习咏春拳。我主要学习的拳法是咏春拳和南方派系的周家螳螂拳。

我认为功夫对英国产生了很大的影响。在英国,人们可以通过很多途径接触到功夫,例如我就在 BBC 上看到过有关功夫的电视系列片。绝大多数英国人都对不同的文化感兴趣,不仅仅是多样的英国文化,还有东方国家的文化,特别是中国、韩国和日本的文化。他们对东方国家人的思考与训练方式,以及身体与精神世界都很感兴趣。功夫在英国的发展起起落落,但英国有许多功夫的比赛。现在有一种新式的武术在英国被广泛地练习,人们称之为混合武术。许多年轻人都被它吸引,因为它可以打斗,却不需要学习和掌握哲学与文化,仅仅是学习如何打斗和变得强壮。所以,许多人对此感兴趣,这也导致了人们对功夫的关注更少了。这是功夫在全世界传播中普遍存在的问题,而且已成燃眉之急。为什么这样说?主要是人们缺乏对功夫真正意义的理解。人们看功夫电影时,会惊叹"哇,这是功夫",但是实际上这不是真正的功夫,它仅仅像是环绕飞翔,以一敌百。这不是功夫的真正意义。它的真正意义要比它的动作层次更深。它关注人们的精神心灵、行为方式,甚至更深远的东西。所以,我认为对功夫的理解是第一步。但是现在很多人没有正确理解功夫,一些人把它简单地看作打斗。当他们讨论太极拳时,他们会说"哦,这是老年人做的事情"。他们不知道一些动作事实上是战斗系统。所以,我认为人们需要对功夫有更多的了解。

在功夫这方面我有许多追求。我追求我享受的,还乐于去追求更多,追求我在技术练习和文化研究方面的兴趣。我没想过要成为师父,但我却很想教授人们功夫。我想成为功夫大师,即使需要花很长的时间。我现在的训练很专业,但想成为一名"师父"还远远不够,为了更好地提高自己的技能,我需要在中国进行更加专业的训练。我的梦想是建立一所武术学校。在这个梦想里,我拥有一个老房子,我住在那里,练习功夫,教授功夫课程。我可以阅读,可以做任何我想做的事情。我真的想拜一位中国"师父"为师,以帮助我继续训练和自我发展。对于功夫,我的计划是学习更多的北方派系武功。我愿意练习散打,也想尝试中国摔跤。

成为一名真正的大师,需要花费大量的时间,需要去理解的不仅是动作,还有动作在实践中的应用,这真的很难。我愿意去教小孩练习功夫,其实在我看来,从年幼时开始练习功夫是最好的,因为年幼时,孩子们的身体更灵活,可以做大多数的动作。所以,将来我会送我的孩子到少林寺去练武术。功夫带给我最大的改变是健康程度。同时,它让我对保护自己更有信心,让我更多地了解到怎样与坏人周旋,怎样避免伤害。我认为功夫使我们认真对待每天的生活,克服生命中的困难。功夫有稳定性,所以无论遇到什么困难,当我们再次练习功夫,一切都将继续。我认为我每次的练习都是一个休息、冥想、改善自我的机会。

功夫的本质:爱人民,止战争

在练习武术的整个过程中,我的一些想法和观念都变了。就像我已经说过的,当你年轻的时候,你会从很浪漫的角度去理解它……我指的是抽象的功夫,但当你实践、真正去做时，你变得更现实，更注重实用性，你变得不那么浪漫了，你看到它是什么就真的是什么。一开始你会很自信，会觉得“好吧，我很伟大的”，但你尝试得越多，你越会承认你的局限性和无知，你对你的功夫水平变得谦虚。练习过程中身体上和精神上的困难都有，但我认为，首要的困难是时间。我想做得更多，但由于我的工作，我不能如愿以偿地练习功夫。另一个困难是身体上的限制，这就是为什么我说你应该在年幼时开始练习。因为我发现灵活性是我的身体限制，有些动作是很难做到的。功夫的本质，在我看来，是停止战争和战斗。停止战争和战斗的前提是建立一个充满爱和尊重的情感世界。所以我认为功夫的本质是爱人民，尊重他们，尽你所能去做。

（口述：奥利弗　采访及整理：洪金涛　樊敏琪　邵米儿　刘畅　李剑文　冯光梅　陈珊　杨楠）

第二章　武术国际化传播品牌建立现状与问题①

2.1　品牌定义

世界著名广告大师大卫·奥格威(David Ogilvy)给“品牌”的定义是:“品牌是一种错综复杂的象征,它是品牌属性、名称、包装、价格、历史声誉、广告方式的无形总和。同时品牌也因消费者对其使用的印象以及自身的经验而有所界定。”(王春赢,2015:49－50)“现代营销学之父”菲利普·科特勒(Philip Kotler)(2002)则认为,品牌是一种名称、术语、标记、符号或图案,或是它们的相互结合,用于识别企业提供给某个或某群消费者的产品或服务,并使之与竞争对手的产品或服务相区别。

2.2　品牌营销理论

品牌营销的核心是品牌构建和营销理念的综合。在品牌营销的过程中,企业以目标市场的需求为中心,努力地去塑造和传播品牌形象的过程,使产品随品牌符号走进消费者心里。

1993 年,美国学者凯文·莱恩·凯勒(Kevin Lane Keller)提出了 CBBE 模型(Customer-Based Brand Equity)(金定海,杨婷婷,2014:29－36),即基于消费者的品牌资产模型,这为自主品牌建设提供了关键途径。这是目前国际上较为流行的品牌资产模型。CBBE 模型的前提是品牌力存在于消费者对于品牌的知识、感觉和体验。因此,进行各项品牌营销工作的目的就是设法保证消费者对于品牌具有与其产品和服务特质相适应的体验、对于品牌营销行为持积极的态度,以及对于品牌形象具有正面的评价。

---

①　本文基于编者发表在《当代体育科技》2015 年第 4 期的文章,编者对文章部分内容进行了更新和修改。

运用 CBBE 模型建设强势武术品牌时，我们应考虑到以下几个方面：

第一，要根据武术的民族特性进行有效宣传，构建和设计武术独特的、有别于其他相类似的外国品牌的标识，提高武术的知晓度。

第二，引导消费者形成对于武术的正面的品牌反应，促进消费者形成正面评判和品牌感知。在品质、可信度等评判要素，以及热情、社会认同、自尊等感觉要素方面，要让消费者对武术品牌以发展的眼光进行评价，全面展示武术在与外国品牌竞争中强大的品牌优势，并能结合国际化的重大事件对武术品牌进行宣传，营造对武术品牌正面评价的氛围，促进消费者对武术的正面感知。

第三，武术品牌营销最需要培养较高的品牌忠诚度。武术品牌在其构成要素中有一个独特的优势，即由于武术是由中国文化几千年的沉淀而来，因此能够较好地激发消费者的民族情感。

根据以上分析，我们可以把品牌营销归纳为四个核心要素：品牌个性、品牌传播、品牌销售、品牌管理，如图 2.1 所示。

图 2.1　武术国际化品牌营销 CBBE 模型

2.3　跆拳道、NBA 和武术品牌营销策略整合分析

2.3.1　品牌定位和品牌个性

定位理论的创始人杰克·特劳特（Jack Trout）和史蒂夫·里夫金（Steve Rivkin）（2014）指出："定位从产品开始，定位是你对未来的潜在顾客心智所下的功夫，也就是把产品定位在你未来潜在顾客的心中。"寻找目标市场，也就是消费者的定位，对目标人群进行仔细划分，才能成功建立品牌效应。

表 2.1　跆拳道、NBA 和武术在品牌定位上的对比

定位和个性策略	跆拳道	NBA	武术
品牌适用对象	跆拳道运动的特点，非常利于青少年的健康成长，对于现代生活中压力较大的白领阶层也很有好处	大众化的运动，尤其是青少年，篮球可以锻炼青少年的全身协调能力，同时还能发展他们的团队协作、组织分工、问题解决的能力	武术的种类繁多，适用于任何年龄层的人
品牌核心价值	讲究礼仪，推崇武道精神，对跆拳道技术进行文化包装	美国是一个典型的移民国家，美国早期移民艰苦的环境以及宗教思想的影响形成了独特的价值观，即一方面他们不畏艰难，敢于冒险，另一方面他们追求平等、独立和自由	武术之所以具有独特的魅力，不仅因为它内容丰富，体用兼备，而且还在于它蕴含着深刻的哲理思想
代言人（英雄人物）		篮球明星，NBA 有一批世界顶级的体育巨星	武术有一些代表人物，例如：李小龙、李连杰、成龙等
品牌口号		I love this game.	
包装设计	1. 较强的观赏价值 2. 服装统一化 3. 休闲娱乐化 4. 衍生产品	1. 较强的观赏性 2. 较强的娱乐性 3. 衍生产品	

从表 2.1 可以看出，武术和其他两个体育项目在品牌定位和品牌个性方面都有很大的不同。

从适用对象来看，其实相较其他两个项目，武术的适用对象最为广泛，但同时也具有过于强调竞技性的特点，我们可以根据不同类型武术的特点进行目标人群的细分，从而建立品牌效应。将武术平民化才能为其市场推广奠定群众基础。

在品牌核心价值方面，跆拳道之所以能够在西方得到认可，主要是由于其品牌的核心价值仍然保持自己的民族特性，具有其文化的典型特点和深刻内涵。NBA 也是如此，其品牌核心价值也体现了其民族文化的内涵，而且反映在赛制的独特性上面。例如：原来在国际篮联采用 30 秒制时，NBA 却长期实行 24 秒制。这种特立独行反映了美国篮球文化不同的特质。因此，武术要想发展，必须保持自己的文化内涵，这也是品牌营销的根本。只有这样，才能保持自己的独特性，也才能被西方接受。

品牌代言人的选择会使消费者将对代言人的喜爱、信任和情感转移到其代言的品牌上面。NBA 的品牌代言人就是它自身的明星运动员，球迷对运动员的热爱让他们对品牌产生喜爱，以及对品牌具有绝对的忠诚度。这种喜爱是不分国界的。其实，武术早已通过电影的形式传播到了西方，并被一些西方人接受和喜爱。李小龙、成龙等明星演员用电影的方式向世界展示中国武术，中国功夫也一度成为中国的代名词。不过，功夫和武术是有区别的，西方人会将两者等同起来，这对武术的宣传非常不利。在宣传过程中要让西方人将这两者区别对待。但我们也看到，跆拳道并没有采用代言人的方式进行宣传，也没有任用任何明星，但其在西方传播的广泛程度却令我们不得不佩服。

作为赛事品牌，NBA 拥有自己的品牌口号，并被球迷们熟悉，NBA 也喊出了球迷们的心声。如果武术要创建自己的赛事品牌，不妨也学学 NBA 创建自己的品牌口号，喊出武术迷们的心声，这也是品牌激发消费者对品牌产生正面态度的一种很好的方法。

包装设计方面，无论是跆拳道还是 NBA，都拥有一套较为成熟完整的体系，而且特点非常相似，都具有较强的观赏性、娱乐性，以及拥有丰富的衍生产品。跆拳道训练与比赛多在宽敞明亮的馆内进行，地板上铺着地毯，墙上挂着国旗和会旗，在庄严肃穆的环境里，穿着以白色为主的跆拳道服饰，在雪白的道服中扎一条缎带，同时配上不同颜色的腰带，显得非常神气。跆拳道不同的腿法变化、出人意料的制胜动作，都能给观众以美的欣赏。NBA 较强的观赏性主要来自其竞争激烈的季后赛，比赛采取七局淘汰制，各队会拼尽全力去争取胜利，使比赛更具观赏性，这是争取票房的重要阶段，季后赛带来的票房收入是常规赛的 4～10 倍。在娱乐性方面，跆拳道作为休闲娱乐产品，在压力较大的现代社会中，其凭借融竞技、健身、休闲娱乐等多种功能为一体的形式已经逐渐成为人们时尚运动的主要选择之一。对于赛事产品来说，NBA 的娱乐性体现在赛场上美女啦啦队的劲舞和吉祥物的高难度、搞笑的动作表演，伴着动感激情的音乐和五彩闪烁的灯光，使观众获得一种全身心的享受。此外，圣诞大战和全明星周末也让球迷广泛参与其中，由全球球迷投票选出的全明星阵容一定是球迷自己最喜爱的球星。

2. 3. 2　品牌传播

品牌建设的关键在于品牌传播推广，武术品牌的形成过程实际上就是品牌在受众中的传播过程。品牌信息的传播是一个复杂的系统工程，传播的渠道比较多,如果传播的信息不一致,非但不能搞好品牌建设,反而会降低品牌影响力。随着营销实践的不断发展和深化,整合营销已经成为目前最理想的品牌传播方式。

表 2.2 跆拳道、NBA 和武术在品牌传播方式和效果上的比较

传播策略	跆拳道	NBA	武术
传播对象	1. 在社会上以开道馆、设立俱乐部的方式面向公众 2. 把学校作为向青少年传播的主要渠道	1. 进入学校,建立中学和大学相衔接的篮球人才培养体系 2. NBA 篮球大篷车活动进入社区	中小学生对于武术未能引起足够的重视
传播地区	跆拳道在对外推广宣传时,首先选择欧美等经济上比较发达的国家和地区	从经济发达的美国开始普及,欧洲也非常普遍,因此才能将赛事推广到世界五大洲	海外竞技武术主要在亚洲一些发展中国家进行推广
传播途径	跆拳道采用道馆式传播有助于普及,形成全球化网络,加快其国际化推广进程	1. 慈善活动 2. NBA 举行许多活动 3. NBA 关怀行动(NBA Cares 是联盟开展的大型社区活动,特别针对在美国以及全球的社会议题)	
媒体传播		1. NBA 全球电视转播,最开始免费提供中国转播节目,提供给各个转播国或地区一系列的转播节目 2. NBA 互联网传播,NBA 的官方网站——NBA. com 日益成为全世界球迷除电视以外了解 NBA 的另一重要媒介	

由表 2.2 可以看出,跆拳道、NBA 和武术在品牌传播方面的大概情况。跆拳道、NBA 和武术,三者在传播对象、传播途径、媒体传播等方面,NBA 都做得最好。品牌传播中,跆拳道和 NBA 都把学校作为主要的传播平台,例如:跆拳道把中小学生作为传播的主要对象,由于跆拳道以健身、防身、修身,讲究礼仪、推崇武道精神征服了无数个家庭,所以家长希望孩子通过练习跆拳道获得健康的身体、良好的品德;尤其是把大学生作为传播对象,举行世界大学生跆拳道比赛,对于跆拳道的推广更具有重要的意义(赵丽,2017:254－256)。NBA 不仅把学校作为主要的传播平台,而且还进入社区,通过举办"篮球无疆界"这种全

球性篮球发展活动，给社会带来正面的影响，以及举办青少年篮球夏令营来吸引更多青少年球迷的参与。而武术在这些方面并没有像它们一样。虽然武术在很早以前已作为体育课的内容被写入了中小学体育教材，但武术没有很好地融入学校教育计划，在现实操作中是被忽视的，其在教学计划中的比重也远低于西方现代体育内容。即使在已认真实行武术教学的学校里，也存在着老师只能传授基本武术动作，而没有把武术动作的内涵和文化精神传授给学生的问题，其中缺乏专业的武术教员是重要原因。但更重要的原因是我们对武术教育的重视不够，仅把武术当作体育课的补充部分。

在传播地区方面，在传播学中，对于任何新兴事物来说，首先选择经济上比较发达、影响力较大的国家和地区进行传播，会取得事半功倍的效果。经济上比较发达，能够保障项目推广和发展的经济基础；影响力大的国家和地区的人流量相对也大，信息传播会更迅速，且人们更容易接受新事物，能够提升项目的传播优势。因此，无论是跆拳道还是 NBA，都是从经济较为发达的地区开始推广的。相对的，武术的海外推广却是在一些经济不发达的地区。但武术也有传播效果很好的案例，都是在经济发达地区的推广实例。例如，源于河南温县陈家沟一个偏僻乡村的太极拳在北京的传播，木兰拳首选在上海进行推广等，就是有意或无意地借用了发达地区的传播优势，才使这些项目日后实现了广泛的传播与长久的发展。

在传播途径方面，作为产品形式，跆拳道主要是利用道馆的形式建立传播网络，作为赛事产品形式，NBA 主要是利用各种形式的社会活动扩大影响力。例如：NBA 举办各种活动，包括亲善之旅、为球员及教练而设的训练营、球员亮相不同活动和球迷活动，以此提高球迷对 NBA 的兴趣。

在媒体传播方面，NBA 在整合营销方面做得最好，提供的信息最全面。在最初推广阶段，NBA 免费向电视台提供节目内容，包括：(1)NBA 球赛，国际球迷可通过 NBA 常规赛、NBA 全明星周末、NBA 季后赛及 NBA 总决赛捕捉最精彩的篮球运动；(2)NBA Action，由 NBA 娱乐公司制作的节目，为世界各地的球迷提供每周表现最出色球员的精彩片段，以及 NBA 最新的消息、访问及技术统计数字等，内容由上周的消息到联盟珍藏库中最具纪念价值的片段，应有尽有；(3)NBA TV，首个由一个职业运动联盟创立和运作的 24 小时电视频道，而全球共有 66 个国家转播此频道；(4)NBA TV Daily，由 NBA 娱乐公司监制，提供当晚赛事的精华片段、技术统计数字以及联盟的最新消息，让世界各地电视观众实时获得 NBA 的数据；(5)多媒体，NBA 娱乐公司为世界各地的网站提供实时统计数字、得分、图片及赛事的精华片段。另外，NBA 还建立了自己专门的网站，提供各种信息，满足球迷的需求。NBA. com 是首个，也是唯一一个美国职业运动联赛为球迷提供的国际网站。NBA. com 有多个国际网站,包括巴西、加拿大、中国、西班牙、法国、德国、日本、英国等(雷雨,2020:808-811,837)。

2.3.3 品牌销售

选择明星代言和重大事件销售是品牌销售主要的销售策略,但并不只是简单地选择明星代言就可以了,也不是只要举办一些赛事就可以提升消费者对于品牌的认知和了解程度。

表 2.3　跆拳道、NBA 和武术品牌销售策略比较

销售策略	跆拳道	NBA	武术
人员营销	通过派出专业教练员的方式来进行人际宣传和推广	国际球星宣传	主要依托教练员推广,但竞技武术在进行海外宣传时,教练员的外派相对欠缺,一定程度上限制了竞技武术在海外的发展和推广
事件营销	1. 举办各种单项或综合性赛事 2. 利用奥运会营销	1. 积极参与国际篮球赛事 2. 在海外举办 NBA 赛事 3. 参与奥运会比赛	1. 国际武术联合会举办的不同级别的国际武术比赛,如世界武术锦标赛、世界杯武术散打比赛、亚运会武术比赛、亚洲青少年武术锦标赛、欧洲武术锦标赛等 2. 奥运会营销

由表 2.3 可知,在品牌销售方面,跆拳道和 NBA 采取的销售策略主要是人员营销和事件营销。在人员营销方面,跆拳道主要是通过对道馆派出大量专业教练员加大推广和普及力度,NBA 则主要是通过球星进行宣传。而武术在这个方面则有所欠缺。

在事件营销方面,跆拳道和 NBA 都把举办有影响力的国际赛事以及参与奥运会这样的大型国际赛事作为营销手段,加速其国际化、全球化进程。例如:跆拳道举办的各种赛事仅单项国际型竞赛就达 13 种,在综合性运动会上的赛事种类达 15 种。同时,跆拳道国际赛事还包括非奥林匹克联盟的一些赛事,如世界军人跆拳道锦标赛、世界大学生跆拳道锦标赛等,而这些非奥林匹克联盟赛事具有强大的群众基础,从而加速了跆拳道的国际化、全球化进程。尽管武术这些年也举办了一些国际赛事,但与跆拳道相比,竞技武术的国际赛事仍相对较少。

2.3.4　品牌管理

品牌管理要考虑的是品牌的管理体制，管理体制的合理性决定了品牌的市场发展命运。

NBA 的管理体制从市场效益的角度来看，其经营模式对于 NBA 的发展有一定的促进作用，但也有它的弊端，例如总是发生的劳资纠纷等。而跆拳道的管理体制和武术有相似之处，但是跆拳道不仅有政府支持，还有国际组织支持。尽管武术也是这样，但在国际组织方面起领导作用的还是中国人，这不利于武术在国际上的发展。关于跆拳道、NBA 和武术在管理体制上的比较，见表 2.4。

表 2.4　跆拳道、NBA 和武术管理体制比较

策略	跆拳道	NBA	武术
管理体制	成立国计院，国际组织支持	美国篮球职业化程度较高，其经济运作模式和注重本土化管理都达到了较好的效果	主要由国家体育总局武术运动管理中心、国际武术联合会管理

2.4　分析总结

跆拳道和 NBA 在跨文化品牌营销中保留了本民族的文化特色和内涵，构建了清晰的品牌标识，以提高其品牌显著性，但在设计中又考虑了营销国家文化的特点，进行了合理改进。跆拳道和 NBA 在产品设计中都考虑了观赏性、大众化、娱乐性，创造了独特的品牌内涵。同时，展示品牌中注重对社会认同度等关键要素的评估，注意国际化重大事件的辅助宣传，营造正面评价的氛围，促进消费者对于自主品牌的正面感知，从而培养出消费者对品牌较高的忠诚度。

武术有丰富的文化特色和内涵，可以构建自己清晰的品牌标识，在设计中虽然有所改造，但尚未将文化差异的核心找到，因此改造效果不明显，还没有体现出较强的观赏性和娱乐性，更没有体现出大众化。同时，在明星代言方面我们未能注意功夫和武术的区别，也会造成消费者对品牌的误解，影响其社会认同度。在宣传方式上力度不够，区域营销的选择也不够有力。国际化重大事件近年虽有所突破但力度还要加大，总之，武术的跨文化品牌营销主要问题是影响力不够，并且目前在提升影响力的手段和策略的选择和使用上，有些不够恰当，有些则力度还不够。要想培养消费者对品牌的认知度和忠诚度，武术还需要向跆拳道和 NBA 学习。

【文化对话】罗德里格:我有一个武术梦想①

罗德里格,来自非洲喀麦隆,从他的家乡来到中国多年,曾在浙江师范大学学习汉语,在上海体育大学武术学院获得了博士学位。他一直致力于促进中喀之间的体育交流,并取得了一定的成就。

走近这个人

罗德里格,是我法语名 Rodrigue 的中文翻译,我的英文名较长,朋友简称我为 Mike(麦克)。我第一个姓是 Taling,音译为“大灵”,第二个姓是 Tene,音译为“德内”,整个名字连起来就是 Taling-Tene Rodrigue,即“大灵·德内·罗德里格”。请注意顺序,不是像西方一样先名后姓,而是先姓后名,喀麦隆的姓名一般都是这样的,前一两个姓一般是喀麦隆语,后一两个名,一般是英文或法文,名字是可以不取的。Taling 和 Tene 都是我的喀麦隆姓,虽然用英文表示,但发音依照了我们当地语言中的词语,Taling(大灵)随的是我爷爷的名,它同时也是我个人理想的体现,意为“心灵有多宽广,世界就有多大”,也就是“有志者事竟成”的意思。Tene(德内)随的是我爸爸的名,意为“德在内心”。而 Rodrigue(罗德里格)则是非洲与西方在历史上的文化融合,是一个从殖民时代开始的习惯(喀麦隆的官方语言是英语和法语)。喀麦隆虽然只有两千多万人口,但民族众多,至少有两百多个。我来自其中一个叫“巴米累克族”的民族,这个民族的背景故事很有意思,这些故事跟打猎、射箭、战争、魔术、舞蹈等有关,围绕男性考验的习俗而展开。非洲许多其他民族都有类似的习俗。男性青少年必须通过考验才算是族里的男人、勇士,否则他一辈子都没有社会地位。这种习俗天然地就筛掉了怕死的男性。因为这样长期以来的传统,非洲就形成了一套关于格斗的完整知识体系和信仰。这些习俗一般是不外传的,大部分内容也是保密的。我只能说,作为一个针对男性的成人仪式考验,有些阶段是要命的,当然成功者是整个部族认定的勇士。目前,这种习俗在我的家乡仍然存在,而且越来越声名远播,吸引了来自世界各地的观众(给观众看的只是闭幕式的舞蹈仪式)。很荣幸,我在初中时就通过了这个考验。该习俗所包含的武技要素当然有它独特的魅力与意义,如长距离行走、长跑、摔跤、战舞等。只有完成成人仪式的男人才有资格用 Nehkang 一词。未通过仪式考验的男人则跟女人和孩子一样,都没资格用这一词语。Nehkang 一词的内涵非常深刻,是巴米累克族男人的一种标志。在非洲,许多其他民族存在着类似的成人仪式,如肯尼亚的布库萨族,每年的 8 月会举行传统成人仪式——行割礼。行割礼的少年都在

---

① 本文发表在《体育科研》2016 年第 37 卷第 1 期,编者对文章部分内容进行了更新和修改。

16岁以下，他们要跳进河水进行麻醉，为行割礼做准备。手术过程中，他们不会使用任何麻醉剂或者医用酒精。行割礼的前一天晚上，男孩的家人需宰杀一头牛，给他们披上一大块牛肉。这块牛肉既是一份礼物，也是一个允许他们行割礼的标志。跳进冰冷的河水或者湖水后几分钟，他们必须出来，毫无畏惧地行割礼，然后还要通过其他比赛项目才算完成仪式。在埃塞俄比亚的哈默部落，男孩则要在成功完成“跳牛”后才能有资格参加割礼。这些仪式的目的之一是磨炼男孩的肉体与勇气，考验他的耐心等。成功者会得到大家的尊重和认可，并承担他的社会责任，如捍卫他的部落、对抗入侵者、保护弱者等。可见，非洲有属于自己的一种武技文化。

我来中国的目的之一是追踪武术，这算是个爱好，也算是个梦想，但武术不是说学就可以学到手的。我开始接触武术的时间比较早，是在4岁的时候。当然那时只是在李小龙、成龙、李连杰等武打明星的电影中观摩到武术。喀麦隆1971年才和中国建交，1971年之前，在喀麦隆学习中国武术是不现实的。建交以后，有一大批中国朋友来到喀麦隆做生意，这就免不了产生文化传播，中国武术就这样渐渐走进喀麦隆。从那时候开始，我们才有机会认识中国的武术。我的武术之旅还要归因于我的喀麦隆太极拳师父，而他则师从一位美籍华人。这位美籍华人初到喀麦隆时发现，当地人很崇尚中国武术，便倾其所知教当地人习武。但第一个真正将中国武术带到喀麦隆的专家是一位叫邸国勇的师父。邸国勇大师是湖北人，八卦掌高手，也精通其他中国武术的拳法。他于1988至1989年左右居住在喀麦隆，短短一年时间，他却收了众多武术徒弟。他收徒不分年龄、性别、社会地位，只是把课程分成三个类别，少年拳教给少年，自卫技术教给中年人，太极拳教给女子与年纪比较大的人。因为大家都是为了兴趣而来，也是为了满足一种好奇心而来，所以大家都学得很快。值得一提的是，他自己承认刚到喀麦隆时，喀麦隆人已经对许多别的格斗体系有所熟悉，但那些格斗体系和中国武术不一样。

我是在2006年考上大学后才有机会在实际生活中练习中国武术的，主要是因为在我读小学和中学的家乡没有任何能学习中国武术的地方。我考上大学之后，到了另一座城市，才第一次见到中国武术的俱乐部。其中有长拳俱乐部、太极拳俱乐部、截拳道俱乐部。我最终选择了太极拳与截拳道两个俱乐部，并拜了两位喀麦隆师父。我在电影中看了很多拳种，那是我最理想的拳，但那些拳和现实的不太一样，我一时有点犹豫不决，不知道选哪种拳会更适合我，我喜欢学学得快又效果好的拳。我那时候的心愿就是想像李小龙一样天下无敌，像李连杰在《太极张三丰》中扮演的张三丰一样，能做到与天合一。不久之后，我觉得太极拳不像我在电影里看的那样，我以为我练了一段时间后也能跟李连杰一样飞来飞去,但我练了几个月觉得不但变化不大,而且每天都得重复一样的动作,心里还觉得有点厌倦。师父不断地强调基本功的重要性。“也许是我不够有耐心吧!”我心里想。再坚持下去,练得时间长了,我才渐渐发现太极拳的好处,比如“畅通经络”“消除压力”等,我就这样慢慢地喜欢上了太极拳。截拳道则更符合我的性格,我是比较外向的人,这与直截了当、思想开放、重视强身健体的截拳道宗旨完全一致。我练的那种截拳道既有实用性又有观赏性,其中的一些拳法和我在电影里看的一些怪拳,尤其是模仿动物的拳如螳螂拳、蛇拳、鹰拳一样,所以我越练越喜欢。

来中国之前,我真的认为只要你随便拜街上的任何一位中国朋友为师,他就会教你拳法,或起码教你一些中国武术的基本功。在我看来,中国武术应该是中国人的一种身份、一种认知。中国人都应该像李小龙那样,有人问过他:“你叫什么名字?”他答道:“我叫功夫。”同样,中国人今天应该能回答道:“我叫中国武术。”可惜啊!这对现在的中国社会只是个理想而已。就拿小学生习武的情况来说,大多数小学生学习武术不是自愿的,而学习武技的孩子们往往以学跆拳道为主。全世界各个民族都有自己特有的武技文化,例如:非洲武技文化、中国的武术、日本的空手道、巴西的柔术等。这些武技均是从人类与自然界、动物界以及人类之间争斗中产生的,并得以发展。

我对“武术”英文翻译中文化内涵的看法

我是在非洲长大的,可以说 Martial Arts 伴随着绝大多数非洲人的成长。Martial Arts,我们通过词典查阅到的中文翻译是武术,但实际上,从西方文化的角度来讲,这个词组更多的是技艺技法层面的,不包含“止戈为武”的哲学思想。根据《柯林斯词典》,Martial Arts 通常是一种徒手格斗的方式,主要来自东方,例如功夫、空手道和柔道。因此,Martial Arts 可以概括多数格斗体系的大概念,如空手道、跆拳道等,也包括非洲的一些拳种如 Dambe,摔法如 Ngini 以及其他地方的拳种,所以如果有另外一个词,比如“世界武术”能作为 Martial Arts 的翻译会更恰当。汉语中有“武技”这么一个词语,不过武技更强调的是格斗的技术而忽视方法中的艺术,所以也无法准确地表达 Martial Arts 的概念。中国人对武术有他们独特的理解,英文甚至也开始用 Wushu 这个词语,主要是想更准确地表达 Chinese Martial Arts(中国武术),可惜的是,汉语除了“武术”这个词语没有别的词语来准确地表达 Martial Arts。所以在个人的话语中,当我用中文谈到武术的时候都需要区分“武术”和“中国武术”这两个概念。希望有朝一日汉语能出现一个更准确的词来指代 Martial Arts 的概念。武术的英译要考虑到其文化传播的目的,翻译过程中,需要将武术的民族文化属性准确地用目的语进行表达，这对译者的要求比较高，既要懂武术的文化内涵，还要了解英语文化。

Kungfu 则是由李小龙首次提出的概念。Kungfu 强调的是搏击术、格斗、实战等。功夫也是武术的狭义概念。跆拳道、空手道、拳击等都可以被包含在功夫的概念里。但有趣的是，功夫也不能完全被翻译成 Martial Arts。Martial Arts 的本意比功夫还要广。比如我目前研究的一个关键词是 African Martial Arts(我将它翻译为“非洲武艺”或者“非洲武技”)，这是一个独立的文化系统，把这个概念翻译成“非洲功夫”就不行。“非洲武艺”或者“非洲武技”的存在是毋庸置疑的，它可以追溯到遥远的过去。也就是说，不但原来有，目前仍然有，它的历史悠久，而且有丰富的历史与考古资料。叫非洲的 Martial Arts 也好，叫“非洲武术”也罢，非洲是文明的发源地之一，有悠久的历史，目前非洲有两千多种语言，我们有自己的词汇可以表达这个意思。比如我们家乡使用的是 Nehkang 一词，任何西方词典里都没有这个词，而且它的意思不完全是 Martial Arts，也不完全是“武术”。非洲人有自己对武技文化的理解。不管说“非洲武艺”还是说“非洲武技”，都无法准确表达 Nehkang 的意思。如果我的祖宗能从坟墓里出来，他会把这个词的意义深刻地讲出来，他既没有接触西方文化，更没有接触中国文化。一种现象如果没有一个词语来表达，并不意味着这个现象不存在。以前非洲跟外部世界似乎是分隔的，现在就不一样了，外部世界的人刚刚开始了解非洲。我敢肯定有朝一日，非洲的“非”字会改成“飞”字。

我对全球武术推广的一些建议

非洲是一个独立文明的发源地，中国也是。中国文明历史悠久，中国武术历史亦是如此。中国的思想、文化和哲学都有其独特的魅力，中国武术更是如此。中国武术，“它所承载的传统文化内容，它所折射的民族精神光彩，是丰富的、深厚的、内蕴的。在这个意义上它不仅是一种体育运动，也是一种文化形态、一种民族文化的重要载体”(邱丕相，2007)。每当我练习中国武术中的传统套路时，我都忍不住惊叹中国古人的博大哲思。从人类发展的角度看，文明就是把不自然变成自然，或者说，是把大自然变得不自然，通过习惯、文化等，把野蛮变成文明。武术或者 Martial Arts 应该是在这个过程中形成的，可是这个过程有多久，从何时何地开始，恐怕没有人能给出准确答案。各个地方的武术都面临这些问题，而且说法因地而异。谈文化的时候要尽量避免文化中心主义，这也是为什么在全球化进程中我们更要学着去了解其他文化，我相信每个地方都有属于它的独特文化，不管是音乐文化、舞蹈文化，还是武术文化。问题就在于谁从哪个角度看什么。在地球上看月亮，它是圆形的，但走到月亮上，人们就看不到原来的圆形了。文化也是一样的。他人的文化其实可以作为自己文化的镜子。武术的“武”字在中国文化中有着悠久的历史。最早在甲骨文中,表示举起武器与动物或人争斗。从它的意义上看就可以明白武术概念的独特性。当然用同样的词语去翻译其他文化不免会出现歧义。中国武术博大精深,要了解它魅力的核心不是一两天能做得到的,武术也是中国文化的栋梁之一,包含着历史、哲学等,非常庞杂。这个核心越想了解越了解不了。所以我曾说过:“我来中国之前知道什么是中国武术,到中国之后就不知道什么是中国武术了。”中国武术文化是充满独特的魅力的,你们应该为此而骄傲,我恨不得把这个魅力展示给非洲同胞们看看。

来中国之前,我在我的家乡喀麦隆已经开始“中国武术全球推广”这一项目,我在截拳道俱乐部苦练了三年之后,就到喀麦隆的首都雅温得自创了一个俱乐部并开始授徒传艺。那时我还没有学习汉语,凭着自己对中国武术的一知半解,按照自己的思路设立了多门武术课程。后来开始学习汉语,我所感受到的中国文化和以前所理解的中国文化完全不同了,因为我开始了解现代的中国社会,并慢慢开始分清楚现代中国与古代中国的差别,开始意识到国际上的中国与实际上的中国的差距,甚至开始区分中国国内的武术与国外武术的差异等。

用我自己的话来说,中国武术有“套餐武术”与“分餐武术”的区别,两者指的是在武术课程设置中采用套餐式或分餐式的方法进行相关课程的搭配。例如,所谓“套餐式”民族体育选项课,是指通过调研和优化设计,将不同种类和形式的民族传统体育项目根据项目的特点形成相互搭配、相互补充的一课两个项目的套餐式民族传统体育项目课程,比如舞龙配置安塞腰鼓,武术套路配置散打,民族舞配置花样跳绳等。我以前以为任何中国拳种都是“套餐式”的,也就是说同时包括表演功能、实战功能、健身功能等,正如我们在电影里看的那些老师父,他们的拳法既有观赏性又有实用性。我在俱乐部里就按照这个思路教学生,以截拳道的格斗体系为实用元素,以跟师父学的套路为观赏性元素,再加上我在太极拳里学的基本气功,我把它当作健康元素。这样便形成了一个更全面的体系,而且教学效果十分明显,不到几年就有了数百个学生。到中国之后,一切都照“分餐式”的思路习练。重视实战的话就去练散打,重视表演的话就去练长拳、南拳等套路,重视健康的话就去练太极拳、气功等。这些都是分得一清二楚的,而且好像行与行之间是毫无关系的。这些改变了我对中国武术概念的理解。当然,这些武术彼此并不是毫无关系的,形成这种现象也只是现代化的结果。我的一个看法是,在现代社会中保留传统的东西似乎是不可能的。在我看来,这种武术的碎片化未必是一件好事。拳种起码应该配着实用性、观赏性和道德性等功能才符合“武术”这个称号。

有许多国家的法律规定，对武术的定义不一定分为练套路的和练实战的。在某些国家，武术等于“枪”，也就是说它有杀伤性，人们分不清哪一种拳法只是表演性质，而哪一种拳法又可以伤害人。我另外想强调的一点是，武术更应该属于社会，要融入社会当中，而不仅仅是属于研究机构或专业学院，理想的境界应该像古代中国那样。其实我来中国之前就是这么想的，我觉得中国武术是中国人的一种身份，是男女老幼都会的，但我没想到现在的社会不太一样。现在的年轻人感兴趣的是篮球、跆拳道、健身等。还有人带小狗逛街呢！想成功实现“中国武术全球推广”项目，必须先解决一些自身的问题，然后要和那些了解并愿意支持中国的外国朋友合作。只有这样才能促使内外和谐，并达到更全面推广的效果。比如像我这样的对中国友好的非洲人，不但有中国通之梦，将来还想和中国朋友们合作，甚至想成为中喀文化使者。中国与非洲是有历史之缘的兄弟，这也算是通向美好未来的一番缘分，只要各方检查一下自身的问题，认可彼此的文化差异，就没有实现不了的梦想。

我现在关心的重点有两个：一是对武术概念做出意义上的区分，澄清中国、西方以及非洲人对武术的理解，这是我不久之后要发表的一篇文章的主要内容；二是从非洲的角度追踪非洲武术的存在与发展脉络，并和中国武术做一下比较，目的是了解中非武术文化的差异，这有利于促进中非文化交流。交流的目的也是了解对方和我们的差异，这也是合作的基本条件。跆拳道传播的成功之路跟空手道、柔道一样。连我们喀麦隆现在都已经有这些运动项目的世界冠军了。为什么呢？其实这是个老问题，李小龙在世时一直努力想让中国人意识到这个问题。前面我已经提到了文化保守主义，现在我想强调的是政府的作用。孔子学院是政府组织的，以“文”为主也是政府的意思，目前出于当地的需求，政府应该意识到这个问题并修改政策。另外，韩国的跆拳道推广模式也值得借鉴。此处还有两个重要因素：一是奥运会；二是当地政府的配合。如果中国武术能走进奥运会的话，那么算是迈出了全球推广的一大步。另外，一旦走进一个地方，“中国武术”首先要做到本地化并得到当地政府的支持。这些工作也应由中国政府来主导。这是中国武术走出国门迟早都需要面对的问题，也是武术全球化发展的一个必要条件。中国武术到喀麦隆就得实现喀麦隆化，到南非就得实现南非化，到哪里就得实现“那里化”，否则“全球推广”是很难实现的。

我的武术梦

武术是中喀以及中非文化交流的纽带。我在喀麦隆的时候，与我俱乐部的同伴们举行了一个规模比较大的表演，邀请了当时孔子学院的院长赵有华先生和中国教师们,以及朋友们来观看。看完表演后,院长写了一份报道,该报道由中国国家汉语国际推广领导小组办公室在2011年2月24日发布,可以在相关网站查看。我甚至提过能否为这些同伴提供来中国学习武术的奖学金,这样可以帮助他们回国后更好地继续做武术推广工作。我们作为本地人可以一辈子留在那边,中国朋友们则是暂时到来,早晚会离开的,所以我们有时候更适合做这项工作。一般中国朋友们自己来非洲的话不但费用高,风险也高,还有一系列的环境适应问题,还是相互合作更理想一些。当然孔子学院已经开始招聘武术专业的志愿者到海外教武术了,我认识的一位我们武术系的研究生,她目前就在韩国的孔子学院教太极拳,但她一年后就要回国参加毕业答辩。因此我敢肯定地说,这个方法不是解决问题的根本方法。本土化不但能使武术传播更快,而且更有效,尤其是大规模的推广。只要看跆拳道、空手道、柔道的推广就会明白这个道理。我目前已经在往这个方向努力了。我已经设计了一个计划,也算是一个梦想,为了加强中喀两国关系,我想创办一个"综合文化机构"。推广武术不仅仅是需要教练和武馆那么简单,而是需要一个这样的"综合文化机构"。我想将这个机构取名为"中喀文化中心"。它主要包含三个要素,即语言、武术、电影。首先是语言基础。语言是文化推广中最基础的问题,也是文化交流中必须克服的难关。为此,"中喀文化中心"将提供以英语、法语(喀麦隆的官方语言)、汉语为主的翻译服务(针对本计划的专业翻译服务)。其次是武术载体。作为身体语言的武术,可弥补语言交流障碍,是推进中喀文化交流的有效载体。因此,"中喀文化中心"将致力于中喀两方武术人才的培训与储备(这是我目前攻读武术博士的目的之一)。最后是电影媒介。作为文化交流最流行的媒介,电影能以其感人的情节有效地促进人们对异文化的感知。对此,"中喀文化中心"将探索以下问题:什么样的内容同时适合非洲与中国的观众,如何解决基础建设资金及人才引进,等等。

我将通过实地调查了解喀麦隆的市场需求,并以此来规划项目。我相信武术完全可以作为中喀两国之间的桥梁。具体的计划希望我们以后有更多的机会来聊一聊。我也期待中国政府能助我一臂之力。这就是我的武术梦想,或者更具体一点来说是"中喀梦想",因为我不仅是为中国考虑,也是为喀麦隆考虑。这也算是一番事业,解决年轻人的就业问题是目前发展中国家最关注的问题。我不但要为自己打拼一番事业,更要为我的同胞们提供就业机会。我也打算利用这样的"综合文化机构"给住在喀麦隆或想去喀麦隆以及非洲的中国朋友们机会,了解喀麦隆以及非洲文化,有利于他们更好地融入非洲社会。

前面提过之前办武馆的事情,具体时间是2009年年初,我一直教授学生,直到2011年年末才离开来到中国,如今已经有数百个追随者。值得一提的是,那三年的教学经验让我明白了这种推广法的限制，更不用提基础设备的不足。我下决心到中国来也是出于这些原因，不但是为了调整节奏，也是为了有时间和空间能想出一个更有效的策略。其实说到孔子学院的武术传播，大多只是让武术来点缀一下，权且凑凑热闹而已，根本没有一个严格的计划。大多数孔子学院教授武术只是让学生出来表演一下，证明参加过什么活动而已，缺少一贯性和明确的宗旨。就拿我们国家的孔子学院来说，我在那里的那段时间里并没学到什么关于武术的新东西，只是代表孔子学院与伙伴们参加了许多场次的表演而已。再说，喀麦隆的孔子学院，包括它所有的分部，覆盖不到几座城市，在喀麦隆全国根本形不成规模。我学习武术完全是出于爱好。我认为这世界上只有三种人：第一种"做他们喜欢的事情"，第二种"喜欢他们在做的事情"，第三种"既没做过他们喜欢的事情，也不喜欢他们在做的事情"。你们肯定已经猜到我属于哪一种人。我可以一辈子追随我的内心。我家人也是这么认识我的，所以他们都支持我。我不光是来追武术梦的，同时也是来给中国朋友们打开重新了解神秘非洲的大门的，这也是实现"中非梦"最基本的步骤。值得一提的是，我在追求梦想的过程中重新发现自己，在寻找答案的过程中重新发现问题。

（口述：罗德里格　采访及整理：洪金涛　刘畅　陈珊　李剑文　冯光梅　杨楠）

第三章　武术国际化传播形式之一：竞技赛事传播

3.1　武术竞赛的现状

近些年来，体育消费在启动居民消费需求方面已经发挥出了独特的作用，并使体育产业在拉动经济增长方面表现出诱人潜力。根据国务院下发的《全民健身计划（2016—2020 年）》，到 2020 年，要让经常参加体育锻炼的人数达到 4.35 亿，体育消费总规模达到 1.5 万亿元。预计到 2025 年，全国体育产业总规模将超过 5 万亿元，信息化体育将达 327 亿元的市场规模。体育市场对于社会经济的重要作用，这些年也在不断地显现出来。发展体育产业，引导消费者的体育消费，体育产业已经融入市场经济的体系之中，并且逐渐实现了社会化和国际化。武术作为中国传统体育文化的项目，其竞赛市场也成了体育产业非常重要的组成部分，因此，武术竞赛也要走向社会化和国际化。

目前针对武术竞赛的推广研究可大致归纳为以下四个方面：

武术竞赛市场发展的优势：(1)其自身的文化内涵。相对于西方体育理念中过分追求人的极限，中国武术中“天人合一”的自然理念明显优于西方体育；(2)武术中的文化内涵也是对世界体育思想和文化的有效补充。

武术竞赛市场发展的劣势：(1)武术竞赛市场化程度不高，主要表现在比赛的社会影响力以及比赛的数量和媒体的宣传力度上；(2)武术竞赛现在还仅仅是一种单一的商业活动，武术产业市场还未能成型；(3)中西文化观念的不同也影响了武术赛事的国际化推广；(4)武术产品单一，竞赛市场主体不够成熟；(5)影视武术“功夫”在好莱坞影片的影响下已成为具有影响力的体育品牌，但这种经过了艺术加工的品牌和真正的武术之间存在着很大的差异，会让西方人对武术的精髓产生误解。

武术竞赛市场发展的机会：(1)2020 年武术被列为 2022 年达喀尔夏季青奥会比赛项目。国际奥委会认为武术运动深受青少年运动员的喜爱，而且具有与国际奥委会青奥会的理念相符合的特点，例如：男女平等，比赛场地和器材要求简单，符合可持续发展等特点。但对武术进一步改革以使其更加符合国际化推广具有重大的意义；(2)这几年我国经济发展迅速，2020 年中国体育行业 GDP 占比为 1%，预计到 2025 年，中国体育行业的 GDP 占比相比 2020 年将翻一倍；(3)影视武术“功夫”在好莱坞影片的影响下已成为具有影响力的体育品牌；(4)国际武联目前共有成员协会 142 个，遍布五大洲多国；(5)武术竞赛项目很受关注和欢迎，例如：以中西不同竞技文化的较量为主的中国武术散打王争霸赛吸引过 5 亿之多的观众；(6)由于现在西方体育市场中充满了滥用药物、行贿等丑闻，让一些西方人士开始探索东方文化精神，试图从东方的处世之道和养生方法中寻求出路。

根据目前的研究成果，武术竞赛市场发展面临的威胁主要来自日本的柔道和韩国的跆拳道竞赛项目。它们在西方已经拥有比较稳固的市场，也已形成了产业。

目前的研究主要对武术竞赛市场推广中的优势、劣势、机会和威胁进行了分析，但未能对武术赛事的市场需求以及类似产品的差异性进行仔细深入的研究，也未能提出务实性的建议。通过对武术赛事的市场现状进行分析和研究，对本土和外籍消费者的体育消费行为及其对于武术赛事的态度进行问卷调查，我们试图找出目前武术赛事国际化进程中的问题所在。

3.1.1　武术赛事类型

关于武术赛事类型，一般是以武术的类型进行分类，例如武术套路赛事、武术格斗赛事和武术功法赛事三大类(李臣，2016)。但本书主要从赛事面向参赛者范围、规模、水平等方面来进行研究。

目前武术赛事主要分为全国性赛事和世界性赛事。在 24 项赛事中，举办时间较长的主要是山西省传统武术锦标赛，共举办了 29 届，其次是中国邯郸国际太极拳运动大会，全国运动会武术比赛共有 14 届之久。还有举办了 10 届的赛事，例如全国武术学校套路比赛、散打比赛、世界武术锦标赛。

以传统武术项目为主的赛事有世界传统武术节、山西省传统武术锦标赛、浙江国际传统武术比赛。以单项为主的赛事有中国邯郸国际太极拳运动大会、中国焦作国际太极拳大赛、安阳太极拳邀请赛、中国武术散打王争霸赛、世界功夫王争霸赛、世界杯武术散打比赛、国际武术搏击争霸赛。综合性的武术赛事有香港国际武术节、中国四川国际峨眉武术节、中国武术职业联赛、亚运会武术比赛、世界武术锦标赛、世界青少年武术锦标赛、亚洲青少年武术锦标赛、东亚运动会武术比赛。

但根据赛事的分类理论来研究,武术赛事又可以做出不同的分类。比如根据王守恒,叶庆晖(2005:1-3,21)的赛事分类标准,从体育赛事水平、规模与类别三者的相互关系,24 项赛事可分为以下几类,如表 3.1 所示。

表 3.1 武术赛事类型 1

赛事类型	赛事名称	所占比例
超大型综合赛事	亚运会武术比赛 东亚运动会武术比赛	8.33%
大型综合赛事	全运会武术赛事	4.16%
单项顶级赛事	世界武术锦标赛 国际武术搏击争霸赛	8.33%
单项品牌赛事	无	
单项商业赛事	中国武术职业联赛 香港国际武术节 中国武术散打王争霸赛 世界功夫王争霸赛 国际武术搏击争霸赛 世界传统武术节 中国四川国际峨眉武术节 CCTV 武林大会	33.33%
一般赛事	世界青少年武术锦标赛 亚洲青少年武术锦标赛 世界杯武术散打比赛 中国邯郸国际太极拳运动大会 山西省传统武术锦标赛 中国焦作国际太极拳大赛 安阳太极拳邀请赛 全国武术学校套路比赛 全国武术学校散打比赛 全国青少年武术散打锦标赛 全国青少年武术套路锦标赛	45.83%

从表 3.1 可以看出,79.16%的赛事集中在单项商业赛事和一般赛事之中。单项顶级赛事占比只有 8.33%,没有单项品牌赛事。

杰戈(Jago)和肖(Shaw)(1998:21-32)从赛事的国际影响力上对赛事进行了分类,赛事又可以分为普通赛事和特殊赛事。根据他们对这两种赛事的定义,我们可以对这 24 项赛事做以下分类:普通赛事没有规划,属于自发,因此,这 24 项赛事均不属于普通赛事。但在特殊赛事中,又分为主要赛事和次要赛事。主要赛事的特点包括吸引大批观众,有很高的地位和知名度,媒体关注度高,具有一定的传统性,与其他节庆活动相结合,举办费用高,留下适当的遗产。主要赛事又分为标志性赛事和大型赛事。标志性赛事是指不经常举办、国际化程度高、有固定举办地的赛事。大型赛事具有短期的、国际化程度高、举办地不固定的特点(如表 3.2 所示)。

表 3.2　武术赛事类型 2

<table>
<tr><td rowspan="2">主要赛事</td><td>标志性赛事</td><td>无</td></tr>
<tr><td>大型赛事</td><td>亚运会武术比赛
东亚运动会武术比赛
世界武术锦标赛
世界青少年武术锦标赛
亚洲青少年武术锦标赛
世界杯武术散打比赛
国际武术搏击争霸赛</td></tr>
<tr><td>次要赛事</td><td colspan="2">全运会武术赛事
中国武术职业联赛
香港国际武术节
中国武术散打王争霸赛
世界功夫王争霸赛
世界传统武术节
中国四川国际峨眉武术节
CCTV 武林大会
中国邯郸国际太极拳运动大会
山西省传统武术锦标赛
中国焦作国际太极拳大赛
安阳太极拳邀请赛
全国武术学校套路比赛
全国武术学校散打比赛
全国青少年武术散打锦标赛
全国青少年武术套路锦标赛</td></tr>
</table>

尽管武术赛事不少,但大部分赛事属于次要赛事,未能形成大的气候,也未能产生较大的国际影响,这恐怕就是武术在国际上不够流行的主要原因之一。如果想让武术真正地在国际舞台上展现它的魅力,还需要组织具有标志性的武术赛事,让人们对武术和中国文化产生认同感。

3.1.2　参赛人数

国际赛事中参赛国家多,参赛人数也比较多。传统武术赛事吸引了来自美国、英国、俄罗斯等国家和地区的运动员参赛。武术搏击和散打比赛也吸引了不少来自东南亚、俄罗斯、德黑兰等国家和地区的运动员参与。

参赛人员也比较多。例如：世界传统武术节每届基本上都有 2 000 多名来自世界各地的运动员参赛，第三届举办时国际奥委会主席发来了贺电预祝赛事取得成功。中国焦作国际太极拳大赛每届都有 20 个左右的国家，1 000 多名运动员参赛，其中国外参赛队伍从第一届的 20 个增加到第二届的 41 个。参与世界武术锦标赛的国家和地区也在逐届增加，从最初的 47 个增加到 89 个，运动员也从最初的 35 名增加到了 1 500 名左右。

从这些变化来看，武术在世界上的影响力也是逐渐增强的。这让我们对武术国际化的前景充满了信心。

3.1.3 参赛运动员

国际赛事中中国运动员的实力仍是最强的，但近年来其他国家选手的实力也有所增强。例如：世界杯武术散打比赛中，越南、伊朗、土耳其和俄罗斯的运动员已经有了可以和中国运动员抗衡的能力；在世界青少年武术锦标赛中也有中国选手输给俄罗斯选手的情况发生。传统武术方面，国内的传统武术发展已经遇到了困难，但国外的传统武术发展却势头良好。有些传统武术项目还进入了一些欧洲的高校。

3.1.4 赛事主要承办方

主办方主要有三个层面：一是由国家、地方政府联合承办的赛事，这类占大多数；二是由一些非政府组织的武术赛事，这类主要是商业武术赛事。例如媒体办的赛事武林大会联盟，其实这未尝不是一个很好的尝试。国际上许多顶级赛事就是由传媒集团组织的，如欧洲冠军杯、环法自行车赛；三是官方组织和社会力量联合承办的赛事。比如，国际武术搏击争霸赛由中国武术协会、重庆广播电视集团主办，承办方是重庆重视体育文化发展有限公司。世界武术功夫王争霸赛由国家体育总局武术运动管理中心、中国武术协会、地方政府及地方体育局主办，由一些文化传媒公司和武术相关委员会承办。

3.1.5 赛事规则

由于传统武术比赛门派较多，评分标准可能比较难以具体化，这就导致了一些问题的出现。例如，中国邯郸国际太极拳运动大会的评分中就出现了在传统套路中加入国标动作就可以加分的现象。人们担心,如果传统套路慢慢和国标合流,传统套路是否会不复存在。

另外,由于宣传不足和在国内不够普及,因此武术赛事的群众基础不太牢固。比赛现场大多数观众都是被拉来的,以学生为主,甚至有些赛事看台上的观众寥寥无几。例如:在北京举办的第九届世界武术锦标赛,观众参与度非常低,尤其是国内观众,买票的外国人比中国人还多。

而商业武术赛事在赛制方面做得相对要好很多。主办方考虑了增强其观赏性和趣味性的方法,对规则进行了修改和统一。大部分商业武术赛事是竞技武术,主要以散打和搏击为主。赛制主要是淘汰制,在比赛时对技术动作会有特殊规定(例如禁用膝法和肘法),而且大部分赛事开始取消级别制,仅设置一个级别,进行擂台赛。这种赛事从目前的市场反馈来看,观众参与度高,兴趣也很高。

3.1.6　赛事市场推广

武术赛事市场推广有以下特点:一是大部分传统武术赛事并非商业性的赛事,其市场运作手段比较单一,大部分仅仅是依靠媒体宣传,未能产生较大的社会影响;二是近几年以打擂台形式出现的以搏击为主的武术赛事推广手段多样化,将传统武术的精髓搏击术加以推广。其采用的主要推广手段有广告宣传、媒体宣传、赛场促销、建立与观众互动的网络和通信平台等。例如:香港国际武术节主要的推广手段是广告宣传、媒体宣传、赛场促销、体育赞助促销和明星效应。以中国武术散打王争霸赛为例,这项赛事的成功主要是出于赛制创新、市场包装手段现代和媒体的曝光率较高等原因。其次,该比赛赛制中设有护具,运动员动作快而敏捷,使比赛精彩程度提高。并且每位选手都有自己的绰号,类似于武侠片中的江湖英雄都有江湖名称一样。在比赛现场还有现代化的灯光、音响、舞台包装、表演,使比赛更具娱乐性和观赏性。另外,媒体宣传方面,除了有电视频道同期转播外,在赛事筹备阶段还有 180 多家媒体的跟踪报道。因此,比赛期间,不仅现场场场爆满,电视的收视率也不断提高。中国武术散打王争霸赛的成功主要反映了一个问题,赛事是以运动员和观众为主导的,一定要将观众的积极性调动起来。一切市场的运作都应该把消费者的需求调动起来,让他们积极地参与到赛事中来,才能传播武术的力与美。

3.1.7　赛事赞助

从赞助商的角度,也可以看出赛事的影响力,商业化的赛事获得的赞助比较多,顶级的赛事赞助也比较多,而且赞助商的层次也比较高。总的来说,一般的武术赛事还是以政府的财政资助为主,没有依靠社会的力量,部分赛事的赞助情况可见表 3.3。

表 3.3　部分赛事赞助情况表

赛事名称	赛事赞助商
世界传统武术节	无
香港国际武术节	香港国际体育用品博览会有限公司
中国邯郸国际太极拳运动大会	河北邯郸弘播体育用品有限公司
山西省传统武术锦标赛	无
中国焦作国际太极拳大赛	无
中国四川国际峨眉武术节	无
浙江国际传统武术比赛	浙江省黄龙体育中心
CCTV 武林大会	康龙
安阳太极拳邀请赛	无
中国武术散打王争霸赛	无
世界功夫王争霸赛	无
中国自由搏击俱乐部超级联赛	福建赛琪、双星集团
世界杯武术散打比赛	中国国武体育交流有限公司 广州市武林会体育文化传播有限公司 广州市武术协会 广州飞跃信息技术有限公司 陕西大唐世博教育科技有限公司 哈药集团股份有限公司 黑龙江电视台 黑龙江省体育局
全国武术学校套路比赛	无
全国武术学校散打比赛	无
世界武术锦标赛	中国银行、中国移动、可口可乐、上海大众、耐克、中国石化
国际武术搏击争霸赛	泸州老酒坊

3.1.8　媒体宣传

赛事的成功程度与媒体的宣传,以及对各种媒体形式的运用水平关系密切。特别是要充分利用新媒体形式建立互动式平台将观众和赛事联系在一起,才能起到真正的宣传作用,从而实现赛事的目标。部分赛事的媒体宣传情况可见表 3.4。

表 3.4　赛事媒体宣传情况

赛事名称	媒体宣传手段
世界传统武术节	新闻发布会 新闻报道 联系中央电视台和香港凤凰卫视做直播或录播 网络宣传(设立官方网站)
香港国际武术节	广告宣传、媒体宣传
中国邯郸国际太极拳运动大会	广告宣传、媒体宣传
山西省传统武术锦标赛	媒体宣传
中国焦作国际太极拳大赛	平面媒体宣传
中国四川国际峨眉武术节	媒体宣传
浙江国际传统武术比赛	媒体宣传
CCTV 武林大会	媒体宣传
安阳太极拳邀请赛	媒体宣传
中国武术散打王争霸赛	《人民日报》 《中国体育报》 《中国青年报》 北京电视台 北京有线电视台 中央人民广播电台 180 多家媒体进行跟踪采访 香港亚视、澳门卫视转播比赛,转播时间主要是在周末黄金时间
世界功夫王争霸赛	中央电视台体育频道 广东卫视 全国各主要卫视体育频道 雅虎娱乐频道 雅虎体育频道 雅虎新闻频道以及雅虎首页
中国武术搏击俱乐部赛	中央电视台体育频道在黄金周连续 5 天直播 20 家地方电视台长达 3 个月的录播 新浪网、100 家平面媒体参与宣传
世界杯武术散打比赛	中央电视台进行了全程转播 日本等国家和地区的多家电视机构购买了节目

续表

赛事名称	媒体宣传手段
全国武术学校套路比赛	无
全国武术学校散打比赛	无
世界武术锦标赛	中央电视台全程录播比赛盛况 北京电视台转播并以新闻和专题形式播出 网络上和SOHU、SINA、TOM、网易等各大门户网站建立合作伙伴关系。平面媒体层面,在体育类、综合类平面媒体上进行前期新闻宣传,跟踪报道赛事盛况,国外60家媒体参与报道
国际武术搏击争霸赛	重庆电视台在黄金时段直播赛事,深度关注高收视率的节目,进行跟踪报道,还制作了5个版本的宣传片在电视台播出 平面媒体包括《人民日报》《体育周报》《中国青年报》、香港《大公报》等主流媒体进行相关报道 22家地方媒体参与报道 网络媒体腾讯、网易也发布了150多条新闻,同时通过网络组织了网上竞猜、全民投票选举、论坛、主题热议等互动性很强的活动,提高观众的关注度,还建立了赛事宣传主页 联合手机通信,打造赛事现场实时竞猜的互动平台

3.1.9　赛事现状总结

武术赛事主办方格局呈现多元化,既有政府单位占主导地位的,政府和社会力量合办的,也有媒体力量独自承办的。赛事参与人数,尤其是外籍运动员的参与人数逐渐增多,说明赛事的影响力也在不断地增强。但是其影响面还是以东南亚、俄罗斯等国家和地区为主,西方国家和地区的参与还比较少。武术赛事商业方面的推广也取得了一定的成效。例如:主办方对规则进行了修改和统一,增强了赛事的观赏性和趣味性,吸引了不少消费者。武术商业赛事推广手段多样化,效果比较明显,并且注重媒体宣传,以及运用各种媒体形式。特别是充分利用新媒体形式建立互动式平台,将观众和赛事联系在一起。但是武术赛事目前也存在一些问题:这些赛事在国际上影响比较大的不多,传统的武术赛事还是存在着规则不统一的现象,群众基础不牢固,一般武术赛事的市场推广手段单一。

3.2　中外受众对于武术赛事的态度和消费行为调查

3.2.1　中国消费者调查结果

3.2.1.1　体育参与度

在30名研究对象中，56%的体育参与度较高，42%的体育参与度较低，而2%的体育参与度居中。调查数据表明大多数研究对象是体育的爱好者和参与者。

3.2.1.2　消费者个人情况

本次调查对象年龄范围为19至24岁，都是本科学生，婚姻状况都是未婚，家庭年收入从2万元到12万元不等。个人每年参加体育项目0至10种不等。去体育馆时，调查对象乘坐的主要交通工具是地铁和公交车。他们参加运动时大部分选择就近运动。

3.2.1.3　对于武术的认知程度

94.23%的调查对象表示知道武术，他们都是在很小的时候就知道了武术，但是大部分调查对象表示对于武术知之甚少。他们对于武术的了解主要停留在种类很多，可以强身健体，可以用于表演的层面，对武术了解的来源是小说、电影，如李小龙和成龙的电影。61.54%($p=0.001$)的调查对象认为武术和功夫是相似的。17.31%的调查对象练过武术，其中男生主要是练习传统武术、现代武术、散打和套路，女生练习的是传统武术和套路。但他们都表示，还没有参加过武术比赛。67.31%的调查对象在电视上观看过武术比赛，82.86%的调查对象观看武术比赛的频率是每年一次。

3.2.1.4　体育消费行为

调查项目一共38项，目的是了解影响消费者体育消费行为的主要因素(见表3.5)。影响力最大的因素是票价，尤其是折价(64.91%，$p=0.000$)，其次是与劲敌的比赛(63.46%，$p=0.000$)，明星效应也是起决定作用的因素(59.62%，$p=0.000$)，其他重要因素还有享受多种折价以及比赛的精彩度。队伍存在的时间长短几乎不会影响消费者观看赛事(51.92%，$p=0.000$)，运动员比赛服的款式和颜色也不会影响消费者观看赛事(50.96%，$p=0.000$)，而且其他职业运动队的成绩也不会过多地影响消费者的决定(48.08%，$p=0.008$)，媒体广告也不会影响消费者的决定(46.15%,$p=0.027$)。另外,比赛时间无论是工作日夜间还是周末白天都不会对消费者影响太大(44.23%/42.31%,$p=0.018/p=0.002$)。

表 3.5　影响消费者体育消费行为的主要因素

因素	影响不大	影响一般	影响很大
单张票价	15.38%	26.93%	57.69%
折价	14.04%	21.05%	64.91%
本地比赛的广播及电视覆盖率	23.08%	25.00%	51.92%
本地比赛进行时段,其他赛事的电视覆盖率	26.92%	26.93%	46.15%
本地其他的体育赛事	42.31%	26.92%	30.77%
邻近地区的体育赛事	38.46%	34.62%	26.92%
本地其他职业运动队的成绩	48.08%	25.00%	26.92%
主队的输赢记录	40.38%	25.00%	34.62%
各队的输赢记录	48.08%	23.07%	28.85%
主队明星运动员的数量	19.23%	21.15%	59.62%
客队明星运动员的数量	30.77%	23.08%	46.15%
主队的进攻能力	29.09%	32.73%	38.18%
主队的防守能力	25.96%	33.66%	40.38%
客队的进攻能力	26.92%	38.46%	34.62%
客队的防守能力	30.29%	22.59%	47.12%
比赛的精彩度	25.48%	19.71%	54.81%
与劲敌的比赛	21.15%	15.39%	63.46%
有机会看到运动队或运动员破纪录	23.08%	25.00%	51.92%
特别推广(如帽子日、海报日等)	38.94%	27.41%	33.65%
主队的分区排名情况	30.77%	32.69%	36.54%
主队的联赛排名情况	38.94%	21.64%	39.42%
主队的比赛参与情况	37.25%	37.26%	25.49%
媒体广告(如电视、广播、报纸、网络等)	46.15%	26.93%	26.92%
工作日白天比赛	25.00%	25.00%	50.00%
工作日夜间比赛	44.23%	21.15%	34.62%
周末白天比赛	42.31%	17.31%	40.38%
周末夜间比赛	36.54%	19.23%	44.23%

续表

因素	影响不大	影响一般	影响很大
天气情况	26.92%	32.70%	40.38%
场馆设施的整洁度	23.56%	42.79%	33.65%
容易或有多方渠道进入场馆(地下道、公路、过道等)	22.12%	46.15%	31.73%
场馆所在地或附近可停车	40.38%	25.00%	34.62%
场馆的大小(可容纳的观众数量)	37.50%	36.06%	26.44%
比赛时周围人群的行为举止	25.00%	34.62%	40.38%
新的场馆	25.00%	36.54%	38.46%
队伍存在的时间长短	51.92%	21.16%	26.92%
享受多种折价	17.79%	25.48%	56.73%
赛场暴力	21.15%	26.93%	51.92%
比赛服的款式和颜色	50.96%	37.02%	12.02%

3.2.1.5 消费者对于武术赛事的态度

调查对象认为武术赛事是令人着迷的占 53.37%,令人激动的占 49.04%,令人兴奋的占 48.56%,认为武术赛事是有用的占 43.75%,举足轻重的占 45.19%。同时认为武术赛事对于他们来说是不重要的占 52.88%,毫无关系的占 51.92%,无所谓的占 47.12%,多余的占 45.19%。

表 3.6 消费者对于武术赛事的态度

态度要素				态度要素
重要	24.04%	23.08%	52.88%	不重要
无关	39.42%	27.89%	32.69%	有关
无影响	39.42%	26.93%	33.65%	有影响
意义重大	36.06%	12.02%	51.92%	毫无关系
无用	39.42%	16.83%	43.75%	有用
有价值	42.31%	16.34%	41.35%	无价值
微不足道	38.46%	16.35%	45.19%	举足轻重
有益	55.77%	12.50%	31.73%	无益
有所谓	36.54%	16.34%	47.12%	无所谓
无兴趣	44.71%	20.19%	35.10%	有兴趣

续表

态度要素				态度要素
有意义	48.56%	12.50%	38.94%	无意义
必不可少	25.96%	28.85%	45.19%	多余的
无聊	30.29%	21.15%	48.56%	令人兴奋的
无趣	37.50%	13.46%	49.04%	令人激动的
吸引人	47.60%	12.02%	40.38%	不吸引人
平凡无奇	20.67%	25.96%	53.37%	令人着迷
必要	29.81%	28.84%	41.35%	非必要
非理想	24.52%	36.06%	39.42%	理想

3.2.2 外籍消费者调查结果

3.2.2.1 消费者个人情况

本项研究调查对象共24人,平均年龄为25.5岁,未婚和已婚或者有同居对象的各占50%。16.7%的是本科生,83.3%的是硕士或博士研究生。家庭年收入在6万到7万美元之间的占50%。24人中澳大利亚国籍的有4人,加拿大国籍的有4人,其他的是有亚裔血统的外籍人士。其中从事教育行业的有8人、学生有4人、技术人员有12人。个人每年参与的体育项目有0至10种。去体育馆时,他们主要是开车、乘公共汽车和走路。他们参加运动时大部分也选择就近运动。

3.2.2.2 对于武术的认知程度

仅有33.33%的外籍消费者知道武术,其中有一人是在很小的时候知道的,知道武术是强身健体的。66.7%的消费者认为武术和功夫是相似的。仅有16.7%的人曾在电视上观看过武术赛事,频率是每年一次。

3.2.2.3 体育消费行为

最能影响外籍消费者的因素主要是折价、主队明星运动员的数量、主队的进攻能力、有机会看到运动队或运动员破纪录、特别推广、媒体广告、比赛时周围人群的行为举止。其次可能会影响他们做决定的因素有票价、赛事安排时间、赛事广播及电视覆盖率、客队明星球员的数量、比赛的精彩程度、场馆情况等。最不可能影响消费者的因素有本地比赛进行时段、其他赛事的电视覆盖率(83.33%,$p=0.000$)、本地其他的体育赛事、临近地区的体育赛事,以及本地其他职业运动队(见表3.7)。

表 3.7　影响外籍消费者体育消费行为的因素

因素	影响不大	影响一般	影响很大
单张票价	16.67%	33.33%	50.00%
季票价格	0.00%	50.00%	50.00%
折价	0.00%	33.33%	66.67%
本地比赛的广播及电视覆盖率	16.67%	33.33%	50.00%
本地比赛进行时段,其他赛事的电视覆盖率	83.33%	16.67%	0.00%
本地其他的体育赛事	83.33%	16.67%	0.00%
邻近地区的体育赛事	66.67%	33.33%	0.00%
本地其他职业运动队	83.33%	16.67%	0.00%
主队的输赢记录	0.00%	66.67%	33.33%
客队的输赢记录	33.33%	66.67%	0.00%
主队明星运动员的数量	0.00%	33.33%	66.67%
客队明星运动员的数量	0.00%	50.00%	50.00%
主队的进攻能力	16.67%	16.66%	66.67%
主队的防守能力	16.67%	50.00%	33.33%
客队的进攻能力	33.33%	50.00%	16.67%
客队的防守能力	16.67%	50.00%	33.33%
比赛的精彩程度	0.00%	50.00%	50.00%
与劲敌的比赛	50.00%	0.00%	50.00%
有机会看到运动队或运动员破纪录	0.00%	33.33%	66.67%
特别推广(如帽子日、海报日等)	16.67%	16.66%	66.67%
主队的分区排名情况	0.00%	66.67%	33.33%
主队的联赛排名情况	16.67%	66.66%	16.67%
主队的比赛参与情况	50.00%	33.33%	16.67%
媒体广告(如电视、广播、报纸、网络等)	33.33%	0.00%	66.67%
工作日白天比赛	50.00%	33.33%	16.67%
工作日夜间比赛	16.67%	33.33%	50.00%
周末白天比赛	0.00%	50.00%	50.00%
周末夜间比赛	0.00%	50.00%	50.00%
天气情况	16.67%	50.00%	33.33%
场馆设施的整洁度	16.67%	33.33%	50.00%
容易或有多方渠道进入场馆(地下道、公路、过道等)	16.67%	33.33%	50.00%
场馆所在地或附近可停车	33.33%	33.33%	33.33%

续表

因素	影响不大	影响一般	影响很大
场馆的大小(可容纳的观众数量)	33.33%	33.33%	33.33%
比赛时周围人群的行为举止	0.00%	33.33%	66.67%
新的场馆	16.67%	33.33%	50.00%
当地队伍存在的时间长短	33.33%	33.33%	33.33%
享受多种折价	33.33%	16.67%	50.00%
赛场暴力	33.33%	33.33%	33.33%
比赛服的款式和颜色	50.00%	33.33%	16.67%

3.2.2.4 外籍消费者对于武术赛事的态度

超过半数的外籍消费者认为武术赛事是有意义的,对他们是有益的、必要的,而且也很吸引他们,也是令他们激动的。但同时部分外籍消费者则认为这种赛事是与他们无关的,甚至是毫无关系的、多余的、平凡无奇的、无聊的(如表3.8所示)。

表3.8 外籍消费者对于武术赛事的态度

态度要素				态度要素
重要	33.33%	33.33%	33.33%	不重要
无关	66.67%	0.00%	33.33%	有关
无影响	83.33%	0.00%	16.67%	有影响
意义重大	16.67%	0.00%	83.33%	毫无关系
无用	33.33%	50.00%	16.67%	有用
有价值	50.00%	0.00%	50.00%	无价值
微不足道	50.00%	16.67%	33.33%	举足轻重
有益	66.67%	33.33%	0.00%	无益
有所谓	33.33%	16.67%	50.00%	无所谓
无兴趣	50.00%	16.67%	33.33%	有兴趣
有意义	66.67%	0.00%	33.33%	无意义
必不可少	33.33%	16.67%	50.00%	多余
无聊	50.00%	16.67%	33.33%	令人兴奋
无趣	33.33%	16.67%	50.00%	令人激动
吸引人	66.67%	16.66%	16.67%	不吸引人
平凡无奇	66.67%	0.00%	33.33%	令人着迷
必要	66.67%	0.00%	33.33%	非必要
非理想	66.67%	0.00%	33.33%	理想

3.3 武术跨文化传播中出现的问题

在关于中外受众对于武术赛事态度和消费行为的调查中,我们发现一个共同的现象,他们对待武术赛事的矛盾的态度,即为什么他们都认为武术赛事令人激动,是有用的、有益的同时,却又认为这种赛事与己无关、多余、无所谓。他们对于其他体育赛事是否也持同样的态度,例如足球、篮球或网球。其中外籍人士,尽管他们对武术知之甚少,但他们对于武术赛事还是持有用、令人激动这样的认知,这是非常好的推广基础。但又是什么原因让他们以无所谓、多余这种态度来对待武术赛事呢? 这是出于武术项目本身不够普及的原因,还是由于赛事市场推广手段不足?

从跨文化传播理论角度来分析,在跨文化传播中,两种文化由于背景不同必然存在差异性,在交流过程中必然会发生文化冲突行为。文化冲突是文化为了维持自身的价值观而进行的必要手段,冲突中由于双方文化差异会让东道主国家受众产生一种对立、排斥的文化倾向(陆小黑,吴杰,2019:540 - 546)。中国武术在对外传播过程中必然会存在文化冲突的现象。如何和谐地与东道主文化进行沟通? 武术国际化需要全球视野,但不能一味为了贴合西方口味和理念而失去自己的文化传统(甘丛婷,2016:17 - 20)。处理好文化冲突,要从文化认识、互相认同、传播内容和文化融合并进三个方面来进行。

首先,从文化认识方面,主要是需要对本土文化和东道主文化的差异性有十分清醒的认识,才能在"求同存异"中找到自己的位置。但从 1982 年至今,武术对外传播中出现了"文化身份模糊",甚至出现受到西方体育文化影响而被同质化的问题。主要原因是中国武术为了取得西方体育的认同,运用了西方体育理念来解释中国武术的传统技术基础,但在西方文化的话语体系下无法阐释传统的核心理念。

其次,从传播内容上来看,中国武术这些年来一直停留在运动健身或格斗防身的层面。虽然自从 1990 年国际武术联合会成立以来,会员发展到了 142 个国家,也创办了很多大型的武术赛事,但是中国武术世界传播的现状是表面繁华、内核荒凉,走在体育、运动、竞赛、锦标赛的发展道路上,不可能成就武术世界化传播的目标(陈鹏,戴俊,华桦,2019:51 - 56)。

而从文化融合并进方面来看,武术需要借鉴跆拳道和 NBA 篮球的跨文化传播的融合方式。体育文化的差异成为武术国际化传播的主要阻碍。由于不能理解武术中体现的中国文化中"天人合一"的哲学思想,因此西方对武术产生排斥情绪。但实际上,武术和竞技体育所体现的中西体育文化是可以互相渗透、相互影响、相互补充的。但要如何让西方了解中华体育文化的中心思想呢?如何在西方推广中华体育文化呢?韩国跆拳道国际化传播和美国NBA在中国的文化推广给武术的推广提供了可以借鉴的经验。

韩国跆拳道在20世纪50年代开始国际化进程,从1988年成为汉城奥运会表演项目到2000年成为奥运会的正式比赛项目,跆拳道成功地完成了国际化进程。NBA作为美国的体育赛事品牌,在从1993年到2007年的14年时间内成功地成为在中国的知名赛事品牌。它们成功的一个主要原因是得益于体育文化的成功推广。表3.9中对跆拳道和NBA的文化推广方式做了一个总结和对比,以期对如何做好武术文化推广提出建议。

表3.9 从文化的概念分析跆拳道和NBA的跨文化内容融合

文化推广方式	跆拳道	NBA
体育物质方面	1. 派大量的人员到海外建立道馆、成立协会,有些地方还建立专业的跆拳道学校 2. 对培训、竞赛、器械与服装生产等进行集约化运作	1. 运用电视媒体播放NBA节目,不断向中国观众介绍NBA文化背景,并在平面媒体中不断报道NBA赛事情况 2. 众多美国体育品牌,例如耐克、阿迪达斯等进入中国,建立自己的生产基地,中国年轻的球迷喜爱这些带有NBA球星明星效益的运动装备,并形成了一种时尚的体育文化 3. 在中国随处可见NBA元素的球服、运动鞋或饰物
体育制度方面	1. 韩国改进和完善跆拳道的技术体系、理论体系及竞赛体系,使其具备走向国际的条件 2. 改进竞赛规则、裁判方法和经营管理方法,用竞技代替武艺	20世纪90年代,中国篮球运动竞赛体制开始变革,1994年中国篮球联赛开始实行职业化改革,向NBA借鉴经验,进行市场化推广。NBA也通过这个机会进入中国
体育精神方面	跆拳道在国际化进程中并没有舍弃其传统,习道之人要时刻注意自己的言行,深刻了解其历史、内容、特点、作用等,养成克己礼让、宽厚待人、恭敬谦逊的品质	NBA的明星成为中国年轻球迷的运动偶像

从表3.9可知,根据文化的三个层面,文化的推广有以下几个特点:(1)在体育物质方面,要广泛地宣传运动,通过各种渠道,例如媒体,或者建立道馆、学校,以及由政府支持建立国家级协会,另外,还要在运动装备上实现产业化。(2)在体育制度方面,要符合国际推广特色,例如跆拳道运动的推广方法对武术

的推广就很有借鉴意义。跆拳道为了实现国际化进行了技术体系、理论体系和竞赛体系的改进和完善。具体而言,跆拳道不仅在技术上融合了中国武术和日本空手道等诸多技术,还改进了竞赛规则、裁判方法,用竞技代替武艺。武术在国际推广中就是由于其竞技性弱、裁判打分困难而受阻。可以在技术种类上对武术进行简化,在裁判规则上尽量量化,并加大规则透明度,让西方比较容易接受。(3)在体育精神方面,要保留自身文化内核求同存异,比如跆拳道在国际化过程中并没有舍弃它背后的传统文化,而是让东方体育的思想和哲理与西方的体育思想和哲理有机地融合在一起、互相补充。武术“天人合一”的理念对竞技体育中一味地追求运动成绩而忽视健康的理念进行了很好的补充。NBA 则是通过偶像的作用在中国球迷心中扎下了根。武术也可以通过运用这种偶像效应在世界范围内推广。

【文化对话】凯佳:武术国际化需要有独特的风范

凯佳,捷克留学生,目前就读于上海体育大学,攻读博士学位。在接受采访时凯佳谈到了自己与武术结缘并投身武术研习的历程,还对武术未来的发展提出了自己的看法。这些质朴的观点从国际武术爱好者的视角反映了当前中国武术在体育国际化背景下的发展现状。

投身武术研习的历程

我从小就喜欢体育和武术,13 岁开始练武术,练过空手道。我最早是在电影里了解到武术,看到成龙和李小龙,觉得他们非常厉害,而且感觉他们的真功夫并不是为了和别人争斗,我想成为他们那样的人。有一次,中国的老师来我们国家进行武术表演,我看过之后感到非常震撼,一心只想练武术,从此再也没做过别的运动。

刚开始的时候,一星期训练两三次,我不知道怎么练,就看老师们的动作,但是武术很难,特别是刚刚学武术的时候,我听不懂专业的术语,只能拍下照片,再找英文文章查阅,但是与武术相关的很多东西没有英文解释,实在搞不懂时,我就问我的同学。后来我一直坚持学习武术,每次看到我的老师们打拳,看到刻苦练习的同学,我都很感动,他们一辈子只做一件事情,这种坚持让我震撼。所以到现在十多年了,我一直坚持下来了。练武术让我学会了专心致志地做好一件事情,不要放弃。

在所有拳种中,太极拳最吸引我,虽然我练了很久,但进步不大。后来我的老师建议我去学点其他的体育项目,例如踢足球,在学习踢足球的时候要想到怎样能帮助我练习太极拳,怎样才能提高我的太极拳水平。所以我选择了练柔道和摔跤,因为柔道和摔跤要求更快的速度和更有力的出击,而且太极拳、柔道、摔跤都是一样的,都要求放松身体,身体硬就不好发力,就像拿一个东西,用力的话就会很累,放松的话就不一样。所以,我认为将这三种武术结合在一起学习会更好。

关于武术国际化的看法及建议

想让武术走向全世界,我感觉最重要的是教学方法和理念。看功夫电影会让人感到武术是一种神秘的东西,学了之后你就会飞檐走壁。很多外国人练了几年武术,还是不会飞檐走壁,就特别失望,就想放弃武术。但我认为不需要让外国人觉得武术是一种神秘的东西,应该把最真实的部分展示给他们。其实学太极拳,认真学的话,三个月以后会感觉到效果。一年就可以学得比较好,三年就会学得非常好。这样的话,就会让那些外国人对武术感兴趣,尤其是小孩,他们不喜欢运动,但会喜欢武术。如果认真学习武术的话,他们将来可以参加比赛,甚至参加国际性的比赛,还可以认识更多的朋友。

同时,还要让人们知道,武术对身体的好处和坏处,好处有很多,比如可以锻炼人的协调性和平衡性,比如气功可以保护你的眼睛,对每个人,尤其是老年人和小朋友的身体都有好处。但开始的时候,需要一个好老师,这样就知道哪个动作要多加练习,怎么练习。如果没有一个好老师领进门的话,就比较容易受伤,很多人练着练着,膝盖会疼,脚踝会受伤,然后就说太极拳对膝盖不好,其实并不是这样的,是你练得不对罢了。但练武术,受伤也是会经常发生的,比如手和腿都有可能会受伤。

另外,要让很多人了解武术,可以使武术成为奥运会比赛项目。许多人认为武术是过时的运动,其实不然,而且最好的成绩就是亚洲冠军。很多人不怎么观看这个运动赛事,而且不感兴趣,所以很多人反对把太极拳这样的中国武术列入奥林匹克运动项目。这就要求太极拳要有一些和其他运动不一样的东西,有属于它自己的独特性。武术在若干年后可能会被列入奥运会比赛项目,因为中国实力很强,经济发达,如果成功列入的话,会使更多人认识这项运动,对我们传播武术很有帮助。

体育无时无刻不在影响着人们,不论老少,不分国籍。以前我学的不是武术专业,现在学了多年武术,它改变了我的生活。以前我学英语、法语,它们不是我生活的一部分,只是生存的一种技能,但是学了体育后,我对自己了解得更多了,比如自己的身体素质、自己的目标,以及怎么让自己坚持下去,虽然有时会很难。但就像运动健儿们为了奥运比赛,甘愿付出努力一样,我也愿意坚持下去。我特别喜欢看运动员的采访和他们的自传,会给我很大的动力。我认为他们非常了不起,我由衷地佩服他们。明年夏天我就会回捷克,在未来的两年时间里,我会努力在捷克传播中国武术,同时发展中国文化。练武术让我有了很多收获,让我认识了很多新的朋友,来中国学习,使我的生活改变了很多,我也想把这样的机会带给更多的人。

(口述:凯佳 采访和整理:王学昊 冯光梅 李剑文 陈珊 杨楠)

第四章　武术国际化传播形式之一：太极拳健康传播

4.1　太极拳国际传播历史

史友宽(2013)认为，太极拳的国外传播有三个阶段：民国时期、中华人民共和国成立初期、改革开放时期。英国学者亚历山德拉·瑞安(Alexandra Ryan)(2008)认为，太极拳在西方的传播应该开始于 20 世纪六七十年代。结合两者研究，我们可以将传播发展阶段分为民国时期至中华人民共和国成立初期、20 世纪 50 至 70 年代、20 世纪 80 至 90 年代、20 世纪 90 年代至今四个阶段。

民国时期至中华人民共和国成立初期，主要是杨氏太极拳的海外传播，传播渠道主要以人际传播为主，内容上以太极拳拳法为主，传播地域主要以文化较为接近的东南亚地区为主。其中，在马来西亚最流行。如卢炜昌及李佩弦在吉隆坡执教，陈微明的弟子梁孝植在马来西亚精武会教授太极拳，董英杰的弟子林伯炎在吉隆坡教授太极拳等。

20 世纪 50 至 70 年代是民间传播和政府传播共同发展的阶段，以杨氏太极拳为主，以人际传播、组织传播为主。在人际传播方面，主要集中在东南亚地区，有郑曼青的弟子们，例如黄性贤、叶秀挺先后到新加坡、马来西亚等地传授太极拳。在组织传播方面，例如，在 20 世纪 50 年代，国家体委派顾留馨前往越南教授太极拳。太极拳先在东南亚打开局面，再逐渐向欧美国家推进。例如：郑曼青和其弟子罗邦桢在美国教授太极拳。

20 世纪 80 至 90 年代，因 1981 年 3 月 17 日至 1981 年 3 月 20 日全日本太极拳协会访问杨氏太极拳和陈氏太极拳发源地，打开了太极拳传播新局面。海内外太极拳爱好者交流频繁，中国有名的太极拳教练也频繁被邀请到海外教授太极拳(史友宽，2013)。这个时期的传播特点主要是以政府行为为主，交流方式和传播区域更为广泛。以陈氏太极拳为例，它主要有两种传播形式：一是以舞台剧为主的表演形式，通过完整的故事情节、综合的艺术形式，将舞和武结合起来；二是竞技比赛形式(陈小利，2015)。

20 世纪 90 年代至今,太极拳主要以国际赛事传播为主,1990 年成立了国际武术联合会,这也是太极拳海外研究的开始。在这个阶段,通过对 Web of Science 数据库 1983—2019 年以 Tai Chi 或 Tai Chi Chuan 为主题的共计 1 350 篇论文进行 Citespace 分析,通过软件的突现检测算法得到关键词时间突现变化情况,同时结合通过抽取标题、摘要、关键词中的名词性短语生成的时间线图,进行了这个时间段的不同时期的研究分析。从关键词的突现情况和时间线图来看,太极拳从 20 世纪 90 年代起在国外的传播和研究开始关注太极拳的健康价值,可分为四个分阶段:1992—1995 年开始对太极拳的健康价值有所认识,但主要研究女性身体反应;1995—2004 年开始研究太极拳对人体平衡能力的改善;2004—2007 年开始将太极拳引入社区,研究习练太极拳对于改善老年人健康、缓解压力、增强力量,以及伤后康复等方面的作用;2007 年至今,关于太极拳的健康功效有更广泛的研究和应用,研究范围不断扩大,涵盖精神康复、肌肉控制、提高老年人平衡能力、预防跌倒、缓解骨关节炎症状等领域,研究成果也惠及更多人群。

这个时期是太极拳在西方的传播飞速发展的阶段,传播形式也较为多样化:有大众媒体和网络传播;有人际传播,如孔子学院的太极拳传播、专业武校和体育院校的太极拳交流、太极拳教练的援外活动;有组织传播,如国外太极拳组织机构的传播、赛事传播等。

总的来说,在这四个历史传播时期(图 4.1),太极拳国外传播的发展也经历了一个从不认识到逐渐认识,从只是传播太极拳拳法、太极拳竞技文化到对太极拳健康价值深入研究的过程。

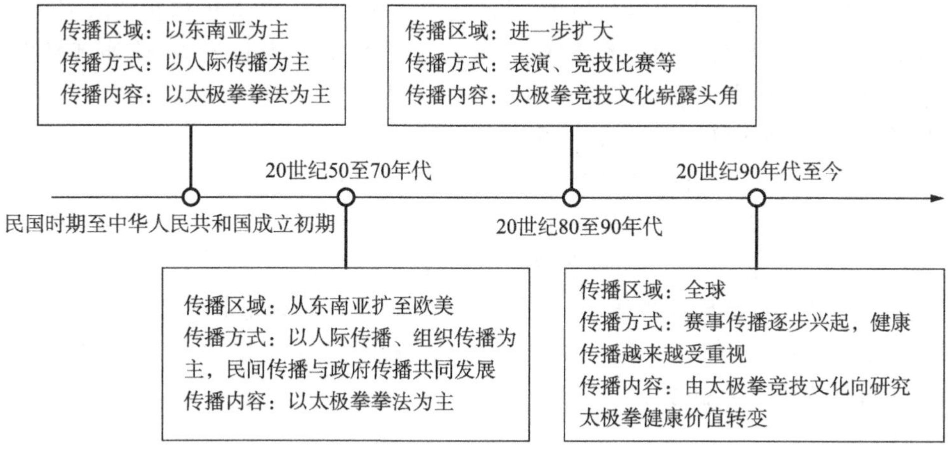

图 4.1　太极拳国外传播历史阶段

4.2 太极拳对外传播存在的问题

目前，太极拳在对外传播中存在的问题有如下几个方面：

首先，太极拳技术门槛较高，让很多想学习的人望而却步。由于涉及技术、艺术、伦理层面以及与之相关的因素，在技艺层面主要以长套路为主，这使得很多受众觉得太极拳太难。

其次，对受众的需求未能满足。在受众需求上，我们在对外不遗余力地传播竞技武术，但西方人似乎更偏爱传统武术，毕竟传统武术更能满足西方人健身、休闲、养生的需求，如果没能切实把握国外受众的需求，如国外受众到底喜欢中国武术的哪些内容，由此造成传播理念错位，便人为地制约了武术在国外传播的进程。传播受众在传播中起着至关重要的作用，其他传播要素都是为了让受众接受，传播才能最终达成，因此根据需求来调整传播策略、内容和方式才是关键。

另外，传播中对太极拳文化内涵的解读缺失和误读也是一个主要的问题。中国哲学思想“天人合一”追求的终极目标是宇宙、自然、人、物的和谐统一，基于这种哲学思想，和谐也是武术能在其独特的价值取向上全面实现武术技击、养生、修性等多方面功能的方法。武术文化还受到了太极拳哲理的影响，老子的“反者道之动，弱者道之用”原则在太极拳中是核心原则。但是为了西方自身利益，他们会根据西方文化传统来改写太极拳文化，以达到自己的目的，而非传播中国传统体育文化的内涵（Dominic LaRochelle，2014）。

此外，相关英文版书籍数量少，翻译效果不太理想。与太极拳相关的书籍、资料数量不多，翻译方面标准不统一，尤其是术语方面，翻译不当，让外籍习练者无法正确理解其内容。毕竟在不同语言、不同文化背景下传播，解决语言问题是关键，要意识到“打破知识壁垒”的重要性。

综上所述，不了解受众需求、传播内容重技术轻文化、翻译滞后、缺乏可参考的高质量相关书籍、已有的著作对文化阐释不足等都影响了太极拳的对外传播进程。在理论上，要让太极拳理论更加科学化、大众化；在语言上，翻译要更加规范和符合目的语的表达；在传播受众上，应该以受众需求结合太极拳的特点来进行传播，只有关注了这些问题才能让太极拳这种优秀的传统中国体育文化更好地为全人类服务。

4.3　基于受众需求构建有效的传播途径[①]

4.3.1　西方受众需求分析

太极拳在国际传播过程中存在诸多问题,其中未能在充分考虑受众需求的基础上设计传播内容,导致传播的针对性不足,进而影响到传播效果,便是制约着太极拳国际传播进程的重要因素之一。关于受众的需求,陈小利在 2015 年针对海外太极拳习练人群做了一个调查,发现习练人群年龄占比中以 40 至 59 岁的最多,主要原因在于他们有强烈的健身意识。关于习练动机中,占比最多的一项是中国传统文化,其次是强身健体(陈小利,2015)。根据目前大众的健康需求,健康文化是太极拳国际化的主要价值。因此,在竞技价值和文化价值之外,应该将太极拳的健身价值在国外市场进行推广,以吸引更多国外的体育锻炼者习练太极拳。

4.3.2　太极拳健康国际传播有效性途径

刘韬光、郭玉成(2012)在《太极拳健康传播阐析》一文中根据美国学者罗杰斯针对健康传播提出的四个层次,将太极拳健康传播划分为太极拳自我健康传播、太极拳人际健康传播、太极拳组织健康传播和太极拳大众健康传播,通过对四个层次逐一进行分析,提出太极拳健康传播途径模型(如图 4.2 所示):"大力

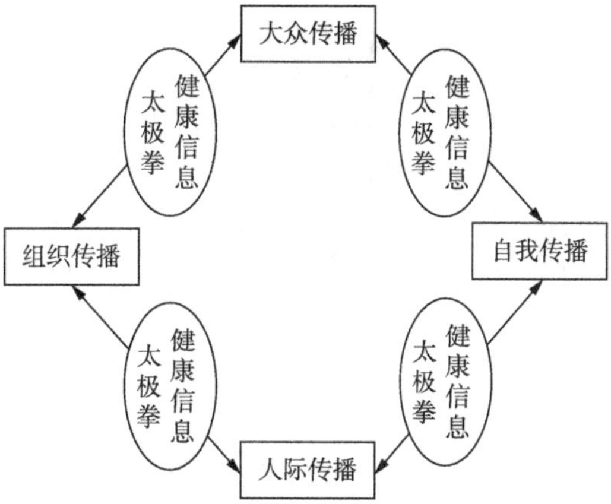

图 4.2　太极拳健康传播途径模型

(资料来源:刘韬光、郭玉成,2012)

① 本章基于编者 2019 年发表在《新闻传播》第 1 期的文章,编者对文章部分内容进行了更新和补充。

开展太极拳健康传播,使健康信息通过自我传播、人际传播、组织传播和大众传播的良性循环,最终将太极拳有关健康的信息准确有效地向社会层面传播,提高社会成员对于太极拳健康信息的认知程度,并通过有效的行为方式使其接触并习练太极拳,最终提高社会整体健康水平。"

在太极拳国际健康传播过程中,四个传播途径中最为有效的方式是大众传播。在陈小利的调查中,关于传播途径,前三位占比较大的项目分别是报刊书籍、网络媒体和影视作品。杨素香(2017:68－78)以美国大众媒体语料库为素材,研究了太极拳在大众媒体中的宣传情况,发现太极拳在美国的传播形式主要是报纸、杂志、广播电视、小说和学术期刊。在传播内容方面,除报纸以太极拳培训广告为主以外,杂志、小说、广播电视和学术期刊都会较详细地介绍太极拳医疗保健健身、太极拳演练的内容,以及传播有关太极拳科学研究和各种最新医疗、保健、锻炼功效等积极报道和正面评价。在她的研究中也提到,"电视栏目 CNN Your Health 一家大量报道太极拳,还有哥伦比亚广播公司(CBS Morning)、美国广播公司(ABC GMA)、美国全国广播公司(NBC Today)、美国国家公共电台(NPR Talk Nation)、公共广播公司(PBS Tavis)等广泛报道太极拳运动"。从这些研究来看,大众传播在国际健康传播过程中是最为主要的途径。根据李甫中及其团队的实践来看,组织传播也是比较重要的途径。因此,我们根据分析得出太极拳国际传播的主要途径如图 4.3 所示:

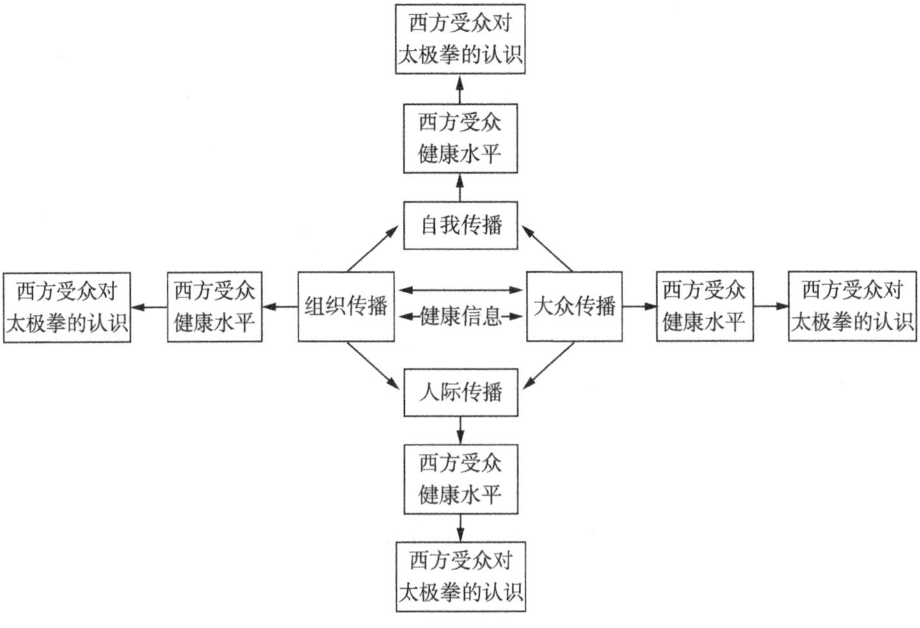

图 4.3　太极拳国际传播的主要途径

太极拳的国际传播存在诸多问题，时代在变，受众的需求在变，太极拳国际传播也需要与时俱进。国外受众有健康的需求，而国内外已有大量研究证明，太极拳可以满足受众对健康的部分需求，但太极拳的现实应用依旧很少。加强太极拳健康传播方面的研究，从健康传播的视角出发，充分发挥太极拳的作用，既有益于人类健康，又有助于太极拳“走出去”，可谓一举两得。

4.4　太极拳典籍译介传播效果——以太极拳典籍《郑子太极拳十三篇》为例

4.4.1　太极拳典籍译介传播现状及问题

武术典籍作为中国武术文化的重要载体，不仅包含武术技法，还体现了武术思想的精髓。在传播中国传统体育文化方面起着重要的媒介作用。

在武术英译史上，金艳（2019）运用文献整理法，结合文本“回译”和副文本信息，并通过实地考察，判定1947年出版的《太极拳》英译本为第一本太极拳译介图书，将太极拳作品译介推进到20世纪40年代。但也有考证认为，1963年李小龙编译的《基本中国拳法》是第一本武术英文著作，该书采用了图文相结合的方式介绍武术，也因本书“功夫”一词开始在主流英语世界中流行，替代了“武术”一词。此后，一些有关武术的译作开始增多，其中，大部分是由华人华侨翻译而成的。在这些华人华侨当中，许多人是武术习练者，甚至是武术高手，他们为武术的译介和传播做出了极大的贡献。

改革开放以后，武术作品的译介传播焕然一新，诸多中外成果涌现，例如：美国汉学家道格拉斯·怀尔（Douglas Wile）在1983年出版了《杨家太极拳秘诀》，并于1996年出版了《遗失的晚清太极拳经典》。另外，剑桥大学出版社在2012年出版了《中国武术：从古代到21世纪》。

但武术典籍译介效果仍然不尽如人意。以“中国武术”在国外常用的表达方式在美国亚马逊图书网进行搜索，排除无关选项，统计出实际有关的英文版书籍仅有554本，其中有216本讲述的是拳法技术（卢安，2014：150－152）。

目前，武术典籍对外译介主要有以下特点：首先是译介内容的选择，即武术典籍到底“译什么”，现在的主要译介内容以技术为主；其次是译介原则，即“怎么译”，针对武术文本的译介传播还处于尝试阶段，尚未形成有一定规律可循的模式；最后是对“谁来译”以及“译本传播效果如何”的探讨，目前仍较为薄弱，需要加强对出版社等传播渠道的具体考量。

在“译什么”方面,最初主要是在一些习练太极拳的英译本指导性书籍中,有一些片段式的译介实践,主要是在解释习练要点时适当引用拳论的相关内容。后来太极拳经典拳论的译本和著作开始增多,例如:在西方较有影响力的译介作品《太极拳经论要诀》,其中包括张三丰的《太极拳经》、王宗岳的《太极拳论》《太极拳十三势行功心解》、郑曼青的《郑子太极拳十三篇》等太极拳经典论著(朱宝锋,2014:188-191)。进入21世纪以来,西方国家也越来越注重太极拳在健身、医疗和养生方面的功效,所以太极拳相关书籍的出版数量与日俱增,但国内出版的太极拳书籍在数量上远远不能满足海外市场的需求。

在“怎么译”方面,目前太极拳翻译存在的问题也是译介中的主要问题。无论是传播太极拳技术,还是传播太极拳背后所蕴藏的文化,首先遇到的都是语言沟通和理解问题。太极拳英译文化缺省问题最为普遍,反映在翻译策略上主要体现在以下方面:第一,同一术语有多种译法,缺乏统一性;第二,误译、硬译现象严重,导致翻译后的术语失去了民族文化特色,更无法体现出术语背后所蕴含的中国文化,使得读者在理解上产生文化错位和误读;第三,翻译中的文化缺省,太极拳拳理作为太极拳运动的精髓,在西方文化中可能无法找到相对应的理论,受众在接受中会由于缺乏相关文化图式而造成理解困难;第四,在保留特色和让受众能够明白这两点上难以平衡,虽然太极拳可成为对外交流的一个有效途径,借助翻译向世界宣传介绍太极拳,可促进中国文化走向世界,但太极拳的英译难度很大,译者不仅要了解太极拳及其文化内涵,还要熟悉英语文化,才能在保持太极拳文化特色的同时又能让受众接受,这一点很难做到。

在“谁来译”方面,20世纪90年代至今,参与太极拳典籍研究和译介的学者越来越多,除海外华人外,西方学者也积极参与其中,较为突出的有道格拉斯·怀尔(Douglas Wile)、路易斯·斯维姆(Louis Swaim)、芭芭拉·戴维斯(Barbara Davis)等人。西方学者和海外华人共同成了太极拳典籍译介的主力。

综上,虽然各类太极拳典籍的译介呈现出蓬勃发展的态势,但在太极拳典籍译介中仍存在以下问题:(1)太极拳作品选择的问题,如何选择能够满足受众需求的太极拳典籍;(2)翻译中如何解决文化缺省问题,同时又能符合国外受众的阅读习惯,提高译介作品的可阅读性;(3)对于译介作品,人们大多关注的是依托译介文本的传播,对于传播媒介,例如出版社、网络等,目前还没有系统的研究。对于太极拳典籍译介,迫切需要对已有的太极拳译介作品进行全方位的系统研究。

4.4.2 《郑子太极拳十三篇》译介传播效果

4.4.2.1 《郑子太极拳十三篇》的社会价值

（1）典籍作者的背景和社会地位

作者郑曼青，名岳，浙江永嘉人（今温州人），1902年农历六月二十五日生，因为出生日期是莲花生日的后一天，所以自号莲父，别署玉井山人。中年时期开始蓄胡须，所以复字曼髯。晚号夕长楼主、学不厌老人，即使年过60，依旧经常学习至深夜。1975年3月26日病逝于台北。郑曼青诗、书、画、医、太极拳五绝名世，被称为“五绝大师”（郑曼青，2014）。

郑曼青小时候就很聪明，他的母亲张夫人亲自教他诗书，他本人博闻善记。10岁时，他跟从汪如渊习画，耳濡目染，无意中走上绘画之路，擅长书画的姨母张红薇也给予了他很多指点。有一天，汪如渊让他画藤花，他的画作寓有古意，让汪如渊深感意外，便给他订下《紫藤花馆润例》（依照国画的传统，王如渊给郑曼青的画馆命名为紫藤花馆，还订下了每幅画的收费价格），从那时起，郑曼青以卖画为生（郑曼青，2014）。

15岁，鲁滕北介绍他到杭州，与沈曾植等人一起研究讨论诗、书、画。18岁，他到北京，与罗复堪、罗瘿公交往密切，还一起在报纸上发表“唱和”形式的诗歌，并得到郁文大学的聘请，到郁文大学教授诗歌，因此有幸与郑孝胥、陈师曾、姚华、王梦白等人结交，书画方面深受熏陶（郑曼青，2014）。

24岁，郑曼青经蔡元培推荐到暨南大学任教，又因为受到吴昌硕、朱疆村器重，担任了上海美专国画系主任。25岁，他跟从安徽著名中医宋幼庵学医，宋幼庵将生平所学倾囊相授。其实郑曼青在医术方面的成就可以说是“久病成医”，他在经历一次大病后决定专心学医，便开始潜心学习《内经》《脉要》等经典。28岁前后，他得太极拳宗师杨澄甫真传，也是因为郑曼青医术高明。杨澄甫的夫人顽疾不愈，看过很多大夫都束手无策，经过郑曼青的悉心诊治，终于痊愈。杨夫人对杨澄甫说：“如今我已痊愈，你该怎样感谢他呢？你一定要把你所知道的毫无保留地教授于他。”杨澄甫对郑曼青感激不已，于是毫无隐藏地把太极拳和太极剑的重要秘诀教授于他。经过二十多年的习练，郑曼青对杨澄甫所传授的太极拳进行改良，删繁就简为三十七式，使得太极拳更容易教、学、练，即“郑子太极拳”。29岁，他与黄宾虹等创办中国文艺学院。抗战期间，郑曼青曾在湖南、重庆行医，与覃勤等创立全国中医师公会联合会，弘扬中医文化（郑曼青，2014）。

30岁，他毅然辞去一切教职，专从阳湖国学大师钱名山学习经学，潜心修学、足不出户,诗书画的功底日趋成熟。32岁,他任中央军校太极拳教官。37岁,他兼任湖南省国术馆馆长。38岁,他在重庆中央训练团任教。在一次英国驻华使馆的宴会中,郑曼青应邀进行了太极拳表演,有一些英军访问团的武官想要与郑曼青切磋,都被郑曼青用太极拳打败。48岁,他前往台湾,不仅创办时中拳社,还创建诗社、国画学会等,先后多次在国内外举行个人画展,被誉为"东方水墨画大师"(郑曼青,2014)。

作为杨澄甫的嫡传弟子,63岁,他赴美国,客居纽约,在纽约创立时中文化中心(太极拳学社),对所有人开放。他的弟子沃尔夫·洛文塔尔(Wolfe Lowenthal)为了记录郑曼青在美国的生活以及教授太极拳的点点滴滴,包括自己在学习太极拳过程中的所学所感,还专门出了一本书,名为*There Are No Secrets—Professor Cheng Man-ch'ing and His Tai Chi Chuan*(Wolfe Lowenthal,1991)。

郑曼青的作品众多,诗书画创作结集有《玉井草堂诗集》《玉井草堂诗续集》《郑曼青书画集》《郑曼髯书画集》《曼髯写意》,论著有《曼髯三论》《唐诗针度》《诗集注》,太极拳方面著有《郑子太极拳十三篇》《郑子太极拳自修新法》,论医有《女科心法》《谈癌八要》《中华医药学史》,国学研究有《学庸新解》《人文浅说》《论语释旨》《孔子与老子之异同》《易全》,等等。

本书研讨的郑曼青作品指的是郑曼青在太极拳方面著有的《郑子太极拳十三篇》和《郑子太极拳自修新法》被翻译后的英文版作品,包括以下四部*Cheng Tzu's Thirteen Treatises on T'ai Chi Ch'uan*、*The Annotated Thirteen Chapters: Master Cheng's Thirteen Chapters on T'ai-Chi Ch'ua*、*T'Ai CHI: The "Supreme Ultimate" Exercise for Health, Sport, and Self-Defense*、*Master Cheng's New Method of Taichi Ch'uan Self-Cultivation*。

在中国期刊网上以"郑曼青"为主题可查询到一些相关文献,现阶段关于郑曼青的研究主要围绕"画""医"和"拳"三个方面展开。本书仅针对"拳"相关的研究进行梳理讨论。

在太极拳方面,目前的研究更多的是探讨郑曼青对杨氏太极拳的贡献或是与郑子太极拳拳术相关的内容。根据相关文献总结,郑曼青对杨氏太极拳的发展及海外传播做出了杰出贡献,主要体现在以下四个方面:

第一,郑曼青协助杨澄甫整理《太极拳体用全书》,使杨氏太极拳的经典著作得以问世并流传(严翰秀,2011:27-28)。

第二,郑曼青敢于出手表现太极拳的实战功夫,将中国太极拳发扬光大——郑曼青在美国教授太极拳期间,多次受到西点军校的邀请,展示太极拳实战功夫,并进行太极拳讲座,此外,由于郑曼青在美国传播太极拳具有很大的影响力，联合国有关部门还邀请他去表演太极拳（严翰秀，2011：27－28）。

第三，郑曼青培养了一批高水平弟子，并把杨氏太极拳传播到海外——郑曼青于 20 世纪 60 年代到美国传播太极拳，他的弟子如罗邦桢、罗伯特·斯密斯（Robert W. Smith）等人也在美国教授太极拳，推动了太极拳在美国的发展，其他弟子如梁栋材、叶秀挺、黄性贤、徐忆中等也在世界各地教授太极拳。目前，直接或间接师从郑曼青学习太极拳的研习者超过十万人，真正领悟了郑曼青的教学并进一步学习太极剑的人数超过 50 人，郑曼青太极拳之名享誉海内外（Wolfe Lowenthal，1991）。

第四，郑曼青根据杨澄甫亲授的太极拳口诀，并结合自己多年习练的所学所感，著有太极拳作品《郑子太极拳十三篇》《郑子太极拳自修新法》，从力学上对太极拳进行了科学的阐释，从生理上详细说明了太极拳的健康功效，在拳理上进一步继承和发展杨氏太极拳的基本理论，在技术上对太极拳招式删繁就简，使太极拳更易教学和推广。

第五，在美国，与郑曼青相关的英文版太极拳图书有十余本。大家积极地翻译并传播郑曼青的太极拳作品，让外国受众更为深入地了解太极拳的要领、背后蕴藏的文化、健康价值等，根据书中的动作解析，学习者还能够在家中自学太极拳。

从研究来看，郑曼青在美国传播太极拳的努力取得了成功，尤其是他在美国的传播方式在当今的体育文化交流中更是具有研究价值。

（2）作品本身在国外太极拳习练者中的影响力

郑曼青太极拳译介作品的目标受众是太极拳习练者，从郑曼青的四部太极拳译介作品在亚马逊网上书店的评论中，我们也可以发现，太极拳习练者确实是郑曼青太极拳译介作品的主要受众。

大部分受众在评论时会提到自己在习练太极拳，如“我练的是这种太极拳。这本书我用了 20 年，它提醒我应该做什么。对我来说，这本书是我的太极拳电子书单的必备品。他写了这本书，我所要做的就是按它去做！”“这本书真是包罗万象。它有许多图片和相应的描述以帮助你进行练习。我是在大学选修了一门太极拳课，这本书是完美的指导书。”“作为太极拳学习者，我发现这本书很有帮助。”“经过 10 年的太极拳练习，这样的先进书籍就成为我宝贵的资源。”“这本书常常跟随我一起。自从这本书第一次出版以来，我到哪里都带着它 1985 年的原版。我应该声明一下我的偏见：我在 1974 年成为郑教授在纽约所创办的学校的一名学生，也就是他去世的前一年，我后来一直在那里学习并教书直到 1986 年。早在这本书用英文出版之前，郑教授的所有高级弟子都认为这本书是杨氏太极拳的圣经。”

其中,有些受众是由于太极拳教练或是他人的推荐而购买,如“这本书是我的老师在我上太极拳入门课时推荐给我的。”“我的老师推荐了这本书和其他资源,作为我们太极拳入门课程的教材。”“这本书是我的太极拳老师,旧金山社区大学的 Garrett Chin 推荐给我的。”“我根据在亚马逊网站上看到的评论选择了这本特别的书,因为我刚刚开始上太极拳课,渴望了解更多。”

还有些受众把这些译介作品视为课后辅导书,帮助自己在课后复习动作招式,更为深入地了解太极拳,甚至通过译介作品自学太极拳,如“我能读懂那个把杨氏太极拳带到美国的人说的话。我觉得这是一本有趣的读物。我在课堂上学习三十七式的时候,用它作为辅助文本。”“这是我的老师用来参考的书。这是一本很棒的书,我现在还时不时地用它来刷新我的记忆。它对高阶学习者和初学者都有好处。”“我每天练太极拳之前都会读这本书。它让我专注于正确的呼吸、正确的姿势、正确的脚位等原则,这是无价的。”“你不掌握十三式就无法理解太极拳背后的真正含义。”“我是在离开我的有能力和有说服力的教练去追求三十七式之后买这本书的。”“我练习太极拳两年后我的老师生病了。然后我找到了这个译本,我觉得它很棒。这是我找到的最适合我的郑师父的方法。虽然在我这个地方没有有名的老师,但我可以继续用这本书练习。”

4.4.2.2 《郑子太极拳十三篇》译介传播过程

(1) 郑曼青太极拳作品的“译”

1) 郑曼青太极拳作品译介主体

译介主体主要是由传播与翻译两大行为主体构成的。在当今全球化的时代,传播途径多种多样,传播与翻译之间相辅相成,相互作用。而译介主体也会出现多个形式。郑曼青太极拳作品译介就有多个主体,如译前译介主体、译中译介主体。

① 译前的译介主体

译者之所以选择翻译某部作品,很大程度上是因为在翻译作品之前,已经受到传播活动的影响,即传播已经开始,可能是文本本身或是文本作者抑或是与文本内容相关的传播早已开始,受众对作品已有需求和期待(徐玉凤,殷国明,2016:99-105)。所以说,传播早于翻译。那在遥远的美国,郑曼青的太极拳作品为什么会引起美国学者和读者的注意呢?因为郑曼青在美国亲力亲为传播太极拳及其背后的文化内涵,让越来越多的美国人有机会接触太极拳,并感知太极拳之美,甚至爱上太极拳,推动了太极拳在美国的发展,为日后其太极拳作品在美国的译介和传播埋下伏笔。

首先,郑曼青在美国建立学社,广招学徒,教授太极拳。郑曼青是杨澄甫的嫡传弟子,因精通诗、书、画、医、太极拳,被誉为"五绝大师",在这五绝当中,他最喜爱的是太极拳。在一些中国商人的资助下,郑曼青来到美国,于1965年在美国纽约的唐人街成立太极拳学社,教授太极拳长达10年。在郑曼青看来,太极拳是中国文化的瑰宝,无论学生是美国人还是中国人,只要其能够领会要点和勤学苦练,他就愿意教其习练太极拳。截至1975年,郑曼青共招收两百多名长期学生,此外,还有上千名短期学生(Wolfe Lowenthal,1991)。

其次,传播内容是技术与文化并重的,郑曼青的教授方式深入浅出,让学生习拳以体悟生活之道。教授太极拳招式固然是课堂重点,但郑曼青在教动作的同时,会引经据典,将习练要点和背后的哲理一同教授给学生。例如,太极拳的核心要义之一是"放松",郑曼青在教学过程中为了让学生更好地理解这一要义,他引用《道德经》,并用简单的例子向大家解释:让身体放松,变得柔软,气才能畅通无阻,放松的感觉,不是变得无力,而是像一大团棉花一样,虽然软软的,但越用力压它,它反而变得越坚固。正如《道德经》第78章所言:"天下莫柔弱于水,而攻坚强者莫之能胜,以其无以易之。弱之胜强,柔之胜刚,天下莫不知,莫能行。"郑曼青让学生仔细领悟老子的话,结合生活,感受水的力量,从而感悟何为放松、何为柔软、何为以柔克刚。此外,习拳的核心要义也可用于生活。不光在习练太极拳时要学会放松,郑曼青还时常教导学生在生活中也要放松。越放松,就越无所惧;越无所惧,就会越放松。以放松的心态面对生活中的起起落落,才能更加泰然地生活。再如,郑曼青在课堂上总是强调"慢慢来",并向学生解释道家的"无为":"无为"不是无所作为,而是耐心地、用正确的方式慢慢等待,就像写作时没有灵感一样,灵感不是拼命去想就会有的,有时你放下心中的恐惧和一些杂念,顺其自然,反而会有灵感。这让学生更为深切地懂得习练太极拳不可操之过急(Wolfe Lowenthal,1991)。

所以说,郑曼青本人就是其作品的最佳代言人。不是单纯只教技术,而是将文化的内容贯穿于教学之中,增添了习练太极拳的趣味性,练拳不再只是枯燥地反复练习动作,而是可以通过练习,学习中国文化以及中国文化中所蕴含的对生活的态度;通过对文化以及生活之道的感悟,进一步领悟动作精髓,使得学习更上一层楼。正如沃尔夫·洛文塔尔在他的书中提到的,在教授太极拳的过程中,郑曼青教会学生的不仅仅是一套能够自我防卫的拳术,或是有益于身体健康的运动,更为重要的是让学生在习练太极拳的同时,从中感悟生活之道。将技术和文化融为一体进行教学,习练招式、领略文化、感知生活,让学生知其然,并知其所以然。

② 译中的译介主体

郑曼青的传播推动了太极拳在美国的发展,越来越多的人了解并开始习练太极拳。在习练的过程中,他们渴望了解更多关于太极拳的知识,仅仅靠老师上课时的口译是不够的,他们希望将一些著作翻译成英文,方便他们自学;而郑曼青也早有将自己的太极拳作品翻译成英文的念头,只可惜难以找到精通双语且熟悉太极拳的译者(Cheng Manching,1985)。所以说,在传播活动之后,需要探讨"谁来译"这一问题。译者模式指的是具有某些共同背景和特质的从事翻译的译者群体,主要可以分为以下三种:

第一种是以中文为母语的译者模式,包括中国本土译者和海外华人译者。有些中国本土译者在国外学习生活过,所以了解国外的情况,或是虽未走出国门,但通过书本等工具学习国外的语言、了解国外的文化。但中国本土译者的不足之处在于其对国外的语言和文化难以准确把握,能同时驾驭好母语和外语的本土译者比较少。海外华人译者兼具多种优势,如双语能力强、深谙东西方文化等,如王际真、林语堂等人。

第二种是国外汉学家译者模式。汉学家的优势在于不仅熟悉海外读者的需求,而且可以和西方出版机构进行联系和沟通,还了解汉语和中国文化。但国外汉学家译者屈指可数,而懂中国体育文化的汉学家更是凤毛麟角。

第三种是中西合译模式。目前,学者普遍认同中西方译者合作为最佳模式。胡安江认为这种模式可以得到合作双方最大限度的智力保障,尽可能地发挥各自所长,在翻译和传播的各个环节跨越差异,实现不同文化间的有效交际和长效传播(胡安江,胡晨飞,2012,55－61,54)。中国外文局原副局长兼总编辑黄友义在访谈中也提到:"中译外一定要有中外合作。中国译者深谙中国文化,而外国学者可以帮助在语言上理顺润色。"(鲍晓英,2013:62－65)

在过去的几十年中,海内外一批翻译者致力于郑曼青太极拳作品的翻译,为郑曼青太极拳作品在美国的传播贡献力量,见表 4.1。

表 4.1 郑曼青太极拳作品的作者与译者

作品名称	作者	译者	出版年份
T'Ai CHI: The "Supreme Ultimate" Exercise for Health, Sport, and Self-Defense(以下简称《超级版》)	郑曼青(Cheng Man-ch'ing),罗伯特·斯密斯(Robert W. Smith)		1967
The Annotated Thirteen Chapters: Master Cheng's Thirteen Chapters on T'ai-Chi Ch'uan(以下简称《注释版》)	郑曼青(Cheng Man-ch'ing)	道格拉斯·怀尔(Douglas Wile)	1982

续表

作品名称	作者	译者	出版年份
Cheng Tzu's Thirteen Treatises on T'ai Chi Ch'uan（以下简称《十三篇》）	郑曼青（Cheng Man-ch'ing）	罗邦桢（Benjamin Pang Jeng Lo），马丁·因（Martin Inn）	1985
Master Cheng's New Method of Tai-chi Ch'uan Self-Cultivation（以下简称《新解版》）	郑曼青（Cheng Man-ch'ing）	马克·亨尼斯（Mark Hennessy）	1999

郑曼青太极拳作品主要采用两种译者模式——国外汉学家译者模式和中西合译模式，除翻译外，还存在“直接用外语著述”的传播方式（曹明伦，2019：77－84），具体分析如下：

采用国外汉学家译者模式的主要是《注释版》和《新解版》这两部作品。译者道格拉斯·怀尔（Douglas Wile）是美国当代武学研究专家，除《郑子太极拳十三篇》外，还出版过《杨家太极拳秘诀》和《遗失的晚清太极拳经典》。《遗失的晚清太极拳经典》是太极拳经典拳论的翻译和研究之作，道格拉斯·怀尔对一些太极拳经典拳论进行分析和英译，并对太极拳的源流、太极拳经典的语言特色有深入的研究。马克·亨尼斯（Mark Hennessy）在中国学习哲学、古文和太极拳长达11年，在翻译《郑子太极拳自修新法》之前，还于1995年出版翻译作品 *Cheng Man-ch'ing：Master of Five Excellences*，1997年出版翻译作品 *Cheng Man-ch'ing：Essays on Man and Culture*，对郑曼青在诗、书、画、医、太极拳方面的思想有所研究，并有自己的见解。

采用中西合译模式的是《十三篇》这部作品。此书由罗邦桢和他的好友马丁·因（Martin Inn）历时两年合作译成。罗邦桢是郑曼青的高徒，从1949年起就跟随郑曼青在台湾学习太极拳，是郑曼青最早的学员之一。罗邦桢于1974年前往美国，在旧金山创办“环球太极拳社”，长期教授太极拳。在上课期间，他时常引经据典，却只能依靠口头翻译，学员希望罗邦桢可以将太极拳著作翻译成英文，供他们课后学习。在学员的多次要求下，他与好友一起翻译 *Essence of T'ai Chi Ch'uan*，此书于1977年出版。之后，在郑曼青夫人的鼓励下，罗邦桢答应翻译《郑子太极拳十三篇》，并邀请好友马丁·因协助翻译，以实现郑曼青想要传播太极拳和帮助太极拳习练者更好地领悟太极拳的愿望（Cheng Manch-ing，1985）。

与上述三部作品不同，《超级版》不是对原著进行翻译，而是基于原著直接用外语表述。从作品的署名便能看出不同，如《十三篇》的署名是 by Cheng Man-ch'ing，translated by Benjamin Pang Jeng Lo & Martin Inn，但《超级版》

只署了 by Cheng Man-ch'ing & Robert W. Smith。罗伯特·斯密斯(Robert W. Smith)是美国著名的武术家和作家，对中国武术有深入的研究，于 1959 至 1962 年在台湾学习太极拳，有幸成为郑曼青的第一位外国弟子。他在 *Strength and Health*、*Black Belt*、*The Journal of Asian Martial Arts* 等杂志上发表过许多有关武术、武术大师的文章。1962 年回到美国之后，罗伯特·斯密斯每周六上午会在基督教青年会免费教授太极拳。而《超级版》是在《郑子太极拳十三篇》英译本出版受挫的情况下，罗伯特·斯密斯临危受命，根据出版商的建议，基于原著及其英译本，再加上跟随郑曼青习练太极拳时郑曼青的口头指导以及自己多年来对太极拳的研究，重新编写而成的(Cheng Manching, Robert W. Smith, 1967)。

综上，首先，对外传播方式不止翻译一种，直接用外语著述也能为传播服务，即让传播更有效是选择翻译策略的主要标准，当把源语言翻译到目的语无法让传播发生时，就可以使用其他方式让传播更富有成效，该改写就改写，该另撰就另撰；其次，郑曼青太极拳作品的译者都精通双语，且熟悉太极拳，精通双语不仅能够帮助译者更好地把握两种语言之间的转换，还有助于他们对中西文化的理解与转换，而译者了解太极拳，或是在日常生活中也习练太极拳，这无疑是译介太极拳作品的加分项，有助于译者理解作品，并把握作者想要表达的意思和传达的思想；最后，太极拳作品译介可寻求中西合译模式，充分借助国外汉学家和学贯中西的双语人才的力量。之所以强调合作，是因为虽然国外汉学家有天然优势，了解国外受众的认知语境、独特的欣赏口味、微妙的审美情趣，在翻译时会更多地考虑文学、历史、联想、习惯语意义，使译文更契合国外受众的认知语境和审美习惯，更容易引起受众的共鸣，但终究不如中国学者更能把握汉语和中国文化的精妙之处。中国翻译家虽也具有母语的天然优势，但大部分中国翻译家或许并不太清楚相关作品在国外的传播情况，且在翻译时更多考虑的是字词的直接意义、语法等，这样的译文对国外受众而言会略显平淡。所以，针对太极拳的对外译介，中外合作的模式能够最大限度地跨越差异，取长补短，为译本质量做保障，也为之后译本的传播保驾护航。

2) 郑曼青太极拳作品译介内容

我们在考虑“找谁译”之后，紧接着就面临“译什么”和“怎么译”的问题，内容选择会影响到作品日后的传播，主要包括作家作品的选择及翻译策略的选择。

① 作品中太极拳的魅力

郑曼青于 1947 年创作《郑子太极拳十三篇》，将自己多年习练太极拳的经验和感悟写入此书，一方面为了方便教学，另一方面则是为了推广太极拳，让其代代相传，惠及更多人。《郑子太极拳十三篇》主要由四部分组成：序言；郑子太极拳十三篇卷上（释名义第一、通玄实第二、专气致柔第三、变化气质第四、陆地游泳第五、心膂并重第六、劲与物理第七、养生全真第八、益脏腑第九、起肺疾第十、别程序第十一、明生克第十二、述口诀第十三附序及按语）；郑子太极拳十三篇卷中（招式解析）；郑子太极拳十三篇卷下（绪论三篇、太极拳论疑义答弟子问四节、体用歌、张三丰遗著太极拳论、明王宗岳太极拳论、十三势行功心解、十三势歌、打手歌、后记）（Cheng Manching，1985）。

其中，卷上的拳论和卷中的招式解析是该书的核心部分。卷上为拳论十三篇，主要内容可分为三类：

第一类主要讲述习练太极拳的要点及其文化内涵。《释名义》从阴阳相生、刚柔相克之理入手解释为何名曰太极拳；《专气致柔》结合中医和道家思想解释何为专气，如何致柔，以及气沉丹田的重要性；《心膂并重》强调习练太极拳时，心膂与修养的关系，引用“正襟危坐”一词对“膂”的含义予以说明，进一步强调竖起脊梁在习练太极拳时的重要性；《别程序》讲述太极拳的练习程序，分为天地人三阶，每一阶有三级，人阶为舒筋自肩至手指、自胯至涌泉、自尾闾至泥丸，地阶为气沉丹田、气达涌泉、气达泥丸，天阶为听劲、懂劲、阶及神明；《明生克》用八卦五行阐释十三势，即掤、捋、挤、按、采、挒、肘、靠、进、退、顾、盼、定；《述口诀》记述杨澄甫所授的习练太极拳的十二条口诀。

第二类主要讲述太极拳的健康价值——《变化气质》一篇中谈到读圣贤书，能笃行、审问、慎思、明辨，进而改变气质，至于习练太极拳能否改变气质还不得而知，但习练太极拳有其益处，如强身健体等；《陆地游泳》将太极拳和游泳做比较，指出太极拳优于游泳之处，并解释为何可以将太极拳比作陆地游泳；《养生全真》谈及太极拳以气为主和日常生活中养气的方法，随后在《益脏腑》一篇中进一步谈到太极拳属于内家拳，习练太极拳，让气沉丹田，对脏腑大有裨益；《起肺疾》讲述了肺病的病理、病原及治疗方法，认为习练太极拳有益于固肾、健脾、理肺、抑咳。

第三类主要讲述太极拳合乎科学——《通玄实》对“以心行气，以气运身”“四两拨千斤”“气敛入骨，而为纯刚”“气沉丹田不及以心与气相守于丹田”进行解读，以阐释太极拳合乎哲学与科学；《劲与物理》一篇用物理知识，如离心力、向心力、杠杆原理等解释太极拳运劲的要点，再次说明太极拳虽源于哲学，但也可以用科学来解释。

卷中则为简易太极拳和推手的秘要图解。郑曼青出于教学和推广的需要而简化太极拳。1938 年春，郑曼青担任湖南省国术馆馆长，为了进一步推广太极拳，他开展了为期两个月的太极拳课程，并亲自培训教练员，由于招式繁多，在两个月内无法充分教授,且考虑到太极拳招式过多、习练耗时过长是阻碍太极拳传播的因素之一,于是,郑曼青将太极拳招式删繁就简,形成三十七式,使太极拳更易教、学、练。

20 世纪 60 年代早期,郑曼青在台湾开始创作《郑子太极拳自修新法》。一方面是为了回答自《郑子太极拳十三篇》问世以来大家对简易三十七式提出的一些问题。郑曼青意识到《郑子太极拳十三篇》中有关三十七式的呈现确实存在缺陷,所以除三十七式正图外,在《郑子太极拳自修新法》中还添加了 144 张附图,并配合足步图及步法格式,以方便大家在习练时对照。另一方面是将自己四十余年的经验注入此书,给大家提供祛病延年、强身健体的方法,达到无师自通的目的。《郑子太极拳自修新法》包括自序、去三病(习练太极拳要有恒心、有耐心、勿贪婪)、三无畏(无畏吃苦、无畏吃亏、无畏厉害)、谈心得(总结教授太极拳四十余年的心得为十二字:吞天之气、接地之力、寿人以柔)、绪论(讨论仅仅只靠书本来习练太极拳,能否无师自通)、自修要略(习练太极拳的要点)、三十七式的分析和图解,以及前哲要言之于太极拳运动(讲述《易经》《道德经》《黄帝内经》等中的太极哲学)等内容。

② 郑曼青推广太极拳的需求

这两本书为何会受到译者的青睐呢?为了揭示译者的翻译动机,则离不开我们对译本副文本的研究。20 世纪 70 年代,法国文论家杰拉德·热奈特提出"副文本"这一概念,即"在正文本和读者之间起着协调作用的、用于展示作品的一切言语和非言语材料",包括书内副文本或伴随文本,如作者姓名、出版信息、前言等,和外副文本或非伴随文本,包括与文本相关的访谈、日记等(Gérard Genette,1997)。译者通常会在译本的前言、后记等内容中介绍作者、原著,或是直接表达个人的翻译观,或对理解难点进行讨论,或对版本的选择、翻译的目的或策略等问题进行解释,也就是说,通过研究副文本,可有助于挖掘译者的动机、意识形态等内容。

通过对四部译介作品的副文本——主要是前言——进行分析,找寻译者选择翻译《郑子太极拳十三篇》或《郑子太极拳自修新法》的原因,我们得知:

罗伯特·斯密斯和罗邦桢都是受人之托,接下翻译任务的。罗伯特·斯密斯是郑曼青的第一位外国弟子,在郑曼青还没有前往美国教授太极拳之时,早就在中国台湾跟随郑曼青习练太极拳,自身对太极拳也充满热情,对不同派别的太极拳都颇有研究,也有幸见识过不少太极拳名家,但最钦佩郑曼青(Cheng Manching, Robert W. Smith,1967)。20 世纪 60 年代,随着太极拳在世界范围内越来越受欢迎,《郑子太极拳十三篇》的英译工作也被提上日程,只可惜译本在内容选择和呈现方式上有严重缺陷。尽管如此,罗伯特·斯密斯还是在郑曼青的要求下将译本带给出版商过目，出版商对译本并不满意，并建议可以在罗伯特·斯密斯的全力协助下，重新编写此书，于是罗伯特·斯密斯基于《郑子太极拳十三篇》及其英译本、跟随郑曼青习练太极拳时郑曼青的口头指导，以及自己多年来对太极拳的研究，著成《超级版》。罗伯特·斯密斯在序言中提到，这是郑曼青的书，他的参与只是为了能够将郑曼青的教学尽可能清晰明了地呈现出来。

罗邦桢则是受郑曼青夫人的委托，答应翻译《郑子太极拳十三篇》，以实现郑曼青想要帮助太极拳习练者更好地学习太极拳，将太极拳一代代传承下去的志向。罗邦桢在美国教授太极拳时经常引经据典，向学生们讲述太极拳，其中也包括引用《郑子太极拳十三篇》中的内容，学生们希望老师可以翻译这些著作。但罗邦桢深知，翻译《郑子太极拳十三篇》任务艰巨，凭自己的能力难以扛下此大任。不过郑曼青夫人认为，罗邦桢是翻译《郑子太极拳十三篇》的最佳人选，因为罗邦桢跟随郑曼青习练太极拳时间最长，对郑曼青的教学深有体会，而且罗邦桢在美国、欧洲国家教授太极拳也有十年之久，精通双语、熟知太极拳、了解郑曼青，这些都是罗邦桢的优势。由罗邦桢来翻译也可打消郑曼青夫人的顾虑。当时市面上有不同的《郑子太极拳十三篇》译本，郑曼青夫人担心这些翻译的人并不了解郑曼青的原意而偏于主观地翻译此书，或是受限于自身在太极拳方面的能力而不能很好地翻译此书，一旦错误发生，便会有违郑曼青当年创作的本意，也会误导读者。在郑曼青夫人的多次鼓励下，罗邦桢答应翻译《郑子太极拳十三篇》，他也希望自己的译本能够将正确的、未被扭曲的信息传递给未来的太极拳习练者，能够更为准确地将太极拳这项艺术传承下去。在重新阅读此书期间，他邀请好友马丁·因协助翻译，两人历时两年完成了翻译任务(Cheng Manching，1985)。

③ 西方武术界对太极拳理论的重视和需求

与罗伯特·斯密斯和罗邦桢不同，道格拉斯·怀尔和马克·亨尼斯在作家作品的选择上则更为主动。道格拉斯·怀尔选择在郑曼青前往美国教授太极拳20周年以及郑曼青逝世十周年之际翻译《郑子太极拳十三篇》，以期大家在郑曼青逝世10周年之际更加缅怀郑曼青及其对太极拳发展的贡献，也希望大家能更好地从他的贡献中受益，甚至能为太极拳的发展带来新动力。在道格拉斯·怀尔看来，《郑子太极拳十三篇》不仅让大家了解太极拳，更是透过太极拳这一扇窗让大家能够探索中国哲学、艺术等其他领域，展示中国知识文化的整体景象，《郑子太极拳十三篇》就是最好的指导书，他对郑曼青的钦佩，对郑曼青促进太极拳在美国发展的感激溢于言表(Cheng Manching，1982)。

马克·亨尼斯在翻译《郑子太极拳自修新法》前，不仅对郑曼青在诗、书、画、医、太极拳方面的思想有所研究，于1995年出版翻译作品*Cheng Man-ch'ing: Master of Five Excellences*，1997年出版翻译作品*Cheng Man-ch'ing: Essays on Man and Culture*，还跟随刘谢恒习练太极拳。虽然仅靠一本书就想要自修太极拳，似乎不切实际，也有点过于乐观，但《郑子太极拳自修新法》语言通俗易懂，深入浅出地阐述了自修太极拳的核心要义，招式解析的配图也十分详细清晰。马克·亨尼斯的太极拳老师刘谢恒总是把《郑子太极拳自修新法》放在手边，当被问及太极拳招式方面的问题时，他就引用书中的内容来解释，他觉得此书的内容及配图都十分完整，完全能够满足习练者所需。马克·亨尼斯也认为此书是习练太极拳时的重要读本，所以全心全意翻译此书(Cheng Manching，1999)。

四位译者选择翻译郑曼青的太极拳作品，主要有两点原因：一是他们认同作者的思想及作品的内容。毕竟，他们或是郑曼青的弟子，承蒙师恩，跟随郑曼青习练太极拳，从其教学中受益，或是了解太极拳、了解郑曼青，赞赏郑曼青知识渊博，钦佩郑曼青太极拳水平高，亦能从郑曼青的书中感悟太极拳，对郑曼青及其教学的认同使得他们愿意或是选择翻译郑曼青的太极拳作品；二是作品的有用性，能够满足大众所需。随着太极拳在美国越来越被大众接受，习练者越来越多，他们意识到，郑曼青的太极拳作品不仅能够成为日常教学辅导用书，也能用于学生自学，满足大家想要了解太极拳的多元需求，翻译这些作品具有必要性。但是，相较于道格拉斯·怀尔和马克·亨尼斯的主动选择，罗伯特·斯密斯和罗邦桢对作家和作品的选择略显“被动”，实际上，他们两人都是被选中的翻译者。作为郑曼青的得意门生，罗伯特·斯密斯是在译本出版不利的情况下临危受命，接下翻译任务的，而罗邦桢是在郑曼青夫人的多次鼓励下才答应翻译的。所以说，选择其实是双向的，既有译者对作家和作品的选择，也有作者本人或是其家人对译者的选择。

3) 郑曼青太极拳作品译介策略

选准作品开始翻译时，译者就会面临翻译策略的选择。

翻译是一种双重交际活动，译者要跟原文进行交际，也要与读者进行交际。鉴于中西文化存在差异，在两种语言的转换过程中，译著不可能实现信息的完全对等，不可避免地会出现文化缺省，即译本丢失原语中除字面意思外，无法在上下文语境和固定情境中找到的语篇外的文化背景信息。由于中西文化的差异，在太极拳翻译中，文化缺省影响了翻译过程中信息传达的完整性，从而导致了读者的困惑。

因为在“译”的同时，译者还需考虑“介”的问题。毕竟，将译本传递给国外消费者是一个跨文化过程，传播目的在于将个人创作转化为社会共享，从而扩大传播范围、延长作品生命，译文能否得到国外受众的认可是传播成功的关键所在。也就是说，在翻译策略的选择上不可避免地需要考虑受众的情况，这与接受美学的核心思想不谋而合。接受美学在20世纪60年代形成于德国，姚斯(Jauss)和伊塞尔(Issel)是重要代表人物，接受美学的核心思想不同于传统的以文本和作者为中心的理论，而是以读者为中心，从读者的角度出发，充分体现了对读者的关注，并认为翻译活动是由原作、译者、读者三者有机结合的整体，译文需要满足读者的期待视野，翻译策略的选择、语言形式的斟酌，都要以读者的期待视野为中心，要符合读者的阅读习惯(李彬，2018:1－2)。

译介学中提出，译者在翻译时需要充分发挥主观能动性，对原文进行"创造性叛逆"，以平衡"保留文化特色"与"保持对外沟通性"之间的关系。谢天振(2013)认为:"翻译的最终目标是把一种语言所传递的概念给到另一种语言当中，译者对文本进行创造性叛逆，将自己的理解贯穿于作品当中，就算再尽力还原作品，也还是会有一定的偏差，译作已经成为一个相对独立的存在。"在译的过程中，译者的创造性和叛逆性相互融合，一方面充分发挥主观能动性以尽可能忠实原文，还原作者思想，另一方面也会根据主观想法对原文进行调整。译者的"创造性叛逆"主要包括个性化翻译、节译与编译、误译与漏译等。其中，个性化翻译最突出的特点就是"归化"(译语文化吞并原著文化的现象)与"异化"(译语文化屈从原著文化的现象)策略的运用。这些翻译策略的使用分为有意识的和无意识的。接下来我们将分析罗邦桢与马丁·因、道格拉斯·怀尔、马克·亨尼斯在翻译时是如何"创造性叛逆"的。

① 有意识地使用归化和异化策略

罗邦桢与马丁·因在郑曼青夫人的委托下翻译《郑子太极拳十三篇》，译本的内容与原著基本上保持一致，只有太极拳经典著作如张三丰遗著《太极拳论》、王宗岳的《太极拳论》未出现在译本中，因为这部分内容罗邦桢已在 *The Essence of T'ai Chi Ch'uan* 一书中翻译过，所以不在《郑子太极拳十三篇》译本中重复出现(Cheng Manching，1985)。在翻译时，罗邦桢和马丁·因的"创造性叛逆"主要体现在归化与异化策略的配合使用上，使译文既能容易被读者理解，又能更为准确地传达原文的意思。

例1:太极为阴阳之母。无所不包。以之名拳。命意深矣。易曰。太极生两仪。两仪即阴阳。阴极生阳。阳极生阴。(郑曼青，1979)

译文:In Chinese philosophy T'ai Chi is the mother of yin and yang. There is nothing it does not contain. From this primordial T'ai Chi, comes the name of our martial art. The *Book of Changes* states that T'ai Chi gives birth to the Liang Yi (the Two Primordial Powers), yin and yang. Extreme yin produces yang, and extreme yang produces yin. (Cheng Manching, 1985)

例 2:其理不出乎阴阳。其气之变化不出乎五行。此为吾国文化与哲学之胚胎。若舍阴阳五行而论太极。是为无稽之谈。不足计也。如必欲去阴阳五行。而论吾国哲学医学及道学者。何如去四则及代数。而讲算术。(郑曼青,1979)

译文:Its principles are fully comprised in yin and yang. The transformation of ch'i is contained in the Five Elements. This is the matrix of Chinese culture and philosophy. It would be ridiculous to talk about T'ai Chi without discussing yin and yang and the Five Elements. If you get rid of yin and yang and the Five Elements and try to discuss Chinese philosophy, Chinese medicine, and Taoism, it is like getting rid of arithmetic and algebra and then try to discuss mathematics. (Cheng Manching, 1985)

从例 1 和例 2 可以看出,罗邦桢与马丁 · 因采用异化策略中的音译法来表示"太极""两仪""阴阳"等词,以保留文化特色,并按照原文所述对其进行解释以忠实于原文,但对缺乏基本文化背景信息的西方受众而言,难免还是过于抽象,以译者对"五行"的翻译为例,译者将其译为 Five Elements 是恰当的,不过译者并未提供是哪五种元素等其他文化背景信息,以帮助读者更好地理解五行在中国文化中的重要意义。虽有不足之处,但译者也配合使用归化策略,如意译法、合并法等,以确保译文流畅、语意连贯、可读性强。道格拉斯 · 怀尔在翻译中则使用了归化策略,让译文更贴近目的语。

例 3:好斗者。未有不以刚猛之力制人。迅疾之法制人。是为阳极。刚之至也。如抗之以刚。必至两败而俱伤。非高手也。彼以刚为用。我以柔化之。彼以动为攻。我以静待之。(郑曼青,1979)

译文:Those who love combat never fail to use stiff and brutish force to strike their opponents, or fast techniques to grapple with them. This is the peak of yang, the extreme of hardness. If one's defense against this is hard, the result will be defeat and injury for both parties. This is not mastery. If my opponent uses hardness, I neutralize it with softness. If my opponent attacks with movement, I meet him with stillness. (Cheng Manching, 1982)

例 4:阳极而遇阴极。未有不败。此即老氏所谓。柔弱胜刚强也。余故曰。学太极拳必自学吃亏始。学吃亏之至。适得其反。则为占便宜之极矣。(郑曼青,1979)

译文:When the peak of yang encounters the peak of yin, the yang is invariably defeated. This is what Lao Tzu referred to as softness and weakness overcoming hardness and strength. Therefore, let me say that to study T'ai-chi Ch'uan, one must begin by "investing in loss". At its highest level, learning to invest in loss produces precisely its opposite. This is the ultimate in gaining the position of advantage. (Cheng Manching,1982)

从例 3 和例 4 可以看出,道格拉斯·怀尔使用归化策略,在原文句子省略主语等句子成分时,使用合并法和增译法,使译文的句式更加完整,更能贴合目的语的使用习惯。将"吃亏"创造性翻译成 investing in loss 确实能帮助读者理解意思,但要是能再增加一些解释,如为何中国人常说"吃亏是福"等,或许更能让读者领悟到"学太极要先学吃亏"所蕴含的深意。在原文引用老子的话语之处使用注释法,让读者可以查询引用出处,如有需要,则可以通过出处更为深入地去理解柔弱胜刚强的原因,即在译文中增加与原文相关的文化信息,以弥补文化缺省,也能帮助读者理解原文的意思。

② 有意识地使用注释法

道格拉斯·怀尔的译本省去了招式解析、绪论等内容,只翻译了十三篇拳论这一核心部分,毕竟十三篇拳论是郑曼青思想的结晶(Cheng Manching,1982)。在翻译时,道格拉斯·怀尔着重对注释法的使用,以实现对文化缺省的弥补,这是该译本的一大特色。道格拉斯·怀尔在译文的序中谈到,郑曼青本人在中国哲学、医学、太极拳等方面知识渊博,将自己多年所知所悟所感融入《郑子太极拳十三篇》中,就算是中国读者在阅读时也会觉得有难度,如果不想让书中的术语、引用等内容只是流于表面或是流失,那么注解对于西方读者而言不可或缺,有注解既可以帮助西方读者更好地理解武术中的特殊术语,如太极拳与易经、道家、中医、中西方科学等之间的关联,从而全方位地了解太极拳,又可以激发大家进一步研究中国历史、中国哲学的兴趣。因此,道格拉斯·怀尔在译本中共附有 142 条注解。

③ 有意识地适当采用删减、合并和结构调整等策略

马克·亨尼斯译本的目录与原著保持一致,并无删减。他认为,在翻译时或许应该努力地向受众靠近,更多地考虑读者的接受程度,据此调整翻译策略,降低被误解的可能性(Cheng Manching,1999),所以在大体忠实于原著的前提下,马克·亨尼斯对原文进行适当的删减、合并和结构调整,使译文更符合目的语的使用习惯,拉近译文与读者的距离,同时他的译本还附有 22 条注解,帮助读者理解"巫医""气""浑元"等词在文中的含义,也能让读者通过注解找到文中引用《道德经》《易经》《中庸》等内容的出处,以对文化缺省进行弥补。而对于太极拳中的特殊名词,马克·亨尼斯同样是采用音译法,以保留太极拳的特色,如将"气沉丹田"翻译为 sink your chi to the tan-t'ien,但他没有对丹田进行解释。

丹田毕竟是中国的说法,国外受众未必知道何为丹田、丹田在何处等,在文化信息不对等的情况下,还是要尽可能地补足信息。

例5:练功架时。切记"一动无有不动,一静无有不静"二句要论。尤须注意其根在脚。全身重量。放在一只脚上。主宰于腰。不独手与脚要随腰转动。自头顶及踵与眼神。皆须随腰转动。故相传所谓练太极拳不动手。即是谓手足不能自动。惟腰为主。(郑曼青,1981)

译文:When you practice the form try to remember: All parts either move together or rest together; support your entire body upon a single leg. Let your waist guide your movements. Every part of your body must follow your waist, from the bottom of your feet to the top of your head—even your vision. "Do not move your hands" means to not move your hands or feet independent of the waist. (Cheng Manching, 1999)

例6:欲习太极拳之运动者。其动机不出数点。约言之。有为多病体弱者。因求健康而学也。有为以防不备为自卫计者而学也。有为震其术之奇妙。爱求真理而学也。此外有如乘兴而来。随波逐流及无恒者。不在讨论之列。我所谓无畏者。正为欲下功夫者而发也。(郑曼青,1981)

译文:There are only a few reasons why anyone finds the impetus to study taichi as an exercise. Some are sick and study to regain their health, some are worried of being attacked and study to learn about self-defense, and some are intrigued by taichi's mystical subtleties and study to investigate their validity. Aside from these, many are merely following the trends of fashion, riding the current of the crowd, and lack perseverance. My discussion on fearlessness is intended only for those willing to exert effort. (Cheng Manching, 1999)

通过例5和例6可以直观地发现,马克·亨尼斯有意地漏译,即节译,如在译文中删除了"二句要论。尤须注意其根在脚""约言之""不在讨论之列"等内容,减少重复,使译文的语言更为通顺简洁;调整"自头顶及踵与眼神。皆须随腰转动""欲习太极拳之运动者。其动机不出数点"等句子的翻译顺序,使句式更贴近目的语,使译文整体的表达方式更符合读者的认知语境和欣赏口味,更易为其所接受。

④ 使用改写的方式

与罗邦桢与马丁·因、道格拉斯·怀尔、马克·亨尼斯皆不同,罗伯特·斯密斯从使用各类翻译策略以实现两种语言转换中跳脱出来,不再局限于用翻译策略来平衡忠实于原文与贴近读者之间的关系,而是直接用外语著述,基于原著,并融入自身多年来习练太极拳时亲身所受的教诲以及在研究太极拳时的所悟所感,进行重新编写(Cheng Manching, Robert W. Smith,1967),对原文有不同程度甚至大幅度的删减、增补,赋予原著新的生命力,使文本更符合时代和受众的需求。

例 7:拳为兼体用益智勇之运动。太极为阴阳之母。无所不包。以之名拳。命意深矣。易曰。太极生两仪。两仪即阴阳。阴极生阳。阳极生阴。而刚柔动静之机。无所不用其极焉……阳极而遇阴极。未有不败。此即老氏所谓。柔弱胜刚强也。余故曰。学太极拳必自学吃亏始。学吃亏之至。适得其反。则为占便宜之极矣……(郑曼青,1979)

译文:The full and formal title is T'ai-chi Ch'uan (pronounced "tie-jee chwan"), the latter word meaning simply "fist" or "boxing". The term t'ai-chi is derived from a concept of Chinese philosophy meaning "supreme ultimate". Philosophically, T'ai-chi is said to be the primary principle of all things and is represented by a circle divided into light and dark aspects, representing the yang and yin concepts, which reflect opposite attributes such as male and female, activity and inactivity, firmness and softness, light and darkness, and positive and negative… (Cheng Manching, Robert W. Smith, 1967)

很明显,此文本与原文大相径庭,虽保留了原文中太极拳的关键词、要点等,但阐述方式与原文不再相同,内容上也有大幅度的删改,使文本更流畅可读,直接贴近西方读者,力求保持文本的对外沟通性。罗伯特·斯密斯自己作为外国受众,从习练太极拳到教授太极拳的亲身感受,使得他更能把握读者的接受程度与需求,这是他的优势。虽然如此,但不可否认的是,这样的重新编写会导致原文中大量文化信息的失落,如原文对老子话语的引用以及对《易经》的引用等内容都不复存在。不过好在罗伯特·斯密斯是郑曼青的第一位外国弟子,对郑曼青的思想有一定的了解,而且对太极拳也有一定的研究,虽然文本存在文化信息失落的现象,但罗伯特·斯密斯也补充了一些原文所没有的信息,如太极拳的历史、对《中庸》的引用等。

通过分析,我们可以发现,罗邦桢与马丁·因、道格拉斯·怀尔、马克·亨尼斯在翻译中的"创造性叛逆"各不相同。罗邦桢与马丁·因配合使用归化与异化策略,使译文更易被读者接受;道格拉斯·怀尔采用注解,实现对文化缺省的补偿;马克·亨尼斯有意地漏译,即节译,对原文进行适当的删减、合并、结构调整,使译文更符合目的语的使用习惯,拉近译文与读者的距离。整体来看,译者们配合使用不同的策略,以保持"保留文化特色"与"保持对外沟通性"之间的平衡,但有一点需要注意的是,译者在翻译术语、概念时需要更为主动地补充相关文化信息,帮助读者真正理解背后的文化内涵,毕竟原文在创作时的目标受众是中国读者,所以在文化相关内容上不会也不需要有太详细的解释,但译文不同,译文的目标受众是国外读者,中西文化是存在差异的,译者要考虑到差异,适当在原文的基础上增添相关文化信息,帮助读者真正理解内容。

与上述译者不同,罗伯特·斯密斯"重新编写"这一方式不再受限于与原文一一对应以及翻译策略的权衡,而是基于原文的精髓和自身的经验重新编写,其优点在于,这样能最大限度地保持文本的对外沟通性,文本更流畅可读,更贴近西方读者,使作品焕然一新,也为作品译介提供新的思路;但缺点在于,这样会导致原文中大量文化信息的失落,文本在多大程度上能准确保留原文的意思,取决于译者对作者思想的了解程度以及对原文的理解程度。

综上,每个版本都各有其优缺点,都是为了让书中关于太极拳拳理的内容让外籍习练者学习起来更加容易理解和接受。这样的传播才能更加有效。

(2) 郑曼青太极拳作品的"介"

1) 郑曼青太极拳作品传播途径

译介途径与传播途径相同,形式多种多样,包括报纸、广播、电视、网络、出版社等。海外营销渠道不畅是制约作品走向国际市场的主要瓶颈(王珺,2013:26-27)。在作品译介和传播过程中,译介作品生成时不仅有"谁来译""译什么""怎么译"等选择要素,还有作品生成之后的传播问题,拥有有效的途径,将有助于译介作品的传播。

汪宝荣(2019)基于布迪厄的场域理论和拉图尔等的行动者网络理论,提出了"译介与传播行动者网络"的概念,用场域理论来解释译者、出版商等行动者为积累资本而开展的各类生产活动,而行动者网络理论拓展了行动者的内涵,不仅包括行为人,还将非人的物体如技术、观念等纳入网络运作中,毕竟行动会因为物的存在而产生差异性,通过制造差别使得事物状态发生变化的东西即可成为"行动者",将两种理论结合运用于译介与传播过程,按照每个过程都依赖一个或若干个初始行动者带着各自的惯习和初始资本进入场域参与实践,并利用初始资本去招募其他行动者加入,以构建译介与传播行动者网络的机制,以分析译介项目的发起、翻译生产、译介作品传播全过程。

① 海外出版社

《郑子太极拳十三篇》和《郑子太极拳自修新法》英译项目的发起者有罗邦桢、道格拉斯·怀尔、马克·亨尼斯、罗伯特·斯密斯,他们设法招募其他行动者,以构建项目发起行动者网络,而招募出版社是开启译介作品海外传播之旅的重要一步。

汪宝荣(2019)依据"由谁发起+由谁出版"的运作机制总结出五种译介传

播模式：华裔学者发起并翻译＋西方学术出版社出版模式；国家外宣机构发起资助＋外文出版社出版模式；西方汉学家发起并翻译＋西方学术出版社出版模式；西方汉学家发起并翻译＋西方商业出版社出版模式；西方商业出版社发起并出版＋招募汉学家翻译模式。据此我们来分析四部译介作品的情况。

《十三篇》和《新解版》都是由 North Atlantic Books 出版的。North Atlantic Books (NAB)是一家独立的、非营利性质的出版社，于 1974 年在佛蒙特州成立，自 1977 年以来在伯克利运营。NAB 致力于探索思想、身体、精神和自然之间的关系，一直走在出版各类原创书籍的最前沿，包括生态与可持续性、健康与治愈、土著文化和人类学、心理学和个人成长等，并于 2005 年推出 Blue Snake Books 项目，是世界上出版武术类书籍的最大出版社之一。书目类别包括八卦掌、形意拳、太极拳、气功等，目前已出版与太极拳相关的图书 36 种。其中，《十三篇》属于华裔学者罗邦桢发起并翻译＋西方学术出版社出版模式，该模式属于目标文化“输入型”译介和传播，华裔学者具有较强的双语能力，更倾向于忠实原文，译文流畅，且误读误译少，有固定的读者群，是中国作品走进西方的重要译介传播渠道。而《新解版》属于西方汉学家马克·亨尼斯发起并翻译＋西方学术出版社出版模式，该模式也属于目标文化“输入型”译介和传播，与华裔学者发起并翻译＋西方学术出版社出版模式大致相似，主要区别在于西方汉学家是本文化内部人士，译本更容易获得海外读者的认同，特点是译文忠实、流畅兼顾，注释较多，译文充分性较高，虽销量可能一般，但可满足专业读者的需求。

《注释版》由 Sweet Ch'i Press 出版，也属于西方汉学家道格拉斯·怀尔发起并翻译＋西方学术出版社出版模式。Sweet Ch'i Press 位于美国纽约，至今只出版过 4 本与太极拳相关的图书，分别是 *The Annotated Thirteen Chapters: Master Cheng's Thirteen Chapters on T'ai-Chi Ch'uan*、*Tai Chi Touchstones: Yang Family Secret Transmission*、*Cheng Man-ch'ing's Advanced Form Instructions*、*Tai Chi's Ancestors: The Making of an Internal Martial Art*。

《超级版》由 Tuttle Publishing 出版。Tuttle Publishing（前身是 Charles E. Tuttle 公司）于 1948 年在佛蒙特州的拉特兰和日本东京成立，被视为根植于亚洲文化、语言和历史相关书籍的主要出版商和销售商，也是为数不多的在亚洲设有办事处的美国出版商之一。随着亚洲在政治、经济、文化各领域影响力的不断扩大，人们迫切需要了解更多关于亚洲的信息，Tuttle Publishing 从 1948 年起就通过出版让世界了解亚洲文化、美食、艺术等，致力于在过去的基础上开拓未来，发现、创造、出版一流的图书，让世界联系更紧密。成立至今，Tuttle Publishing 已出版六千多本书，许多在 20 世纪六七十年代出版的书依旧深受欢迎。目前,Tuttle Publishing 每年出版 150 种新书,重点关注亚洲语言、亚洲美食与烹饪、武术、亚洲文学、亚洲历史与文化、东方宗教、亚洲艺术与收藏品等领域。《超级版》属于西方汉学家罗伯特·斯密斯发起并翻译+西方商业出版社出版模式,特点是由商业出版社出版,流通渠道较广,面向大众读者和专业读者,传播影响力一般比西方学术出版社要好,但选题上主观性较强、随意性较大,作品进入市场后的表现存在不确定性。

罗邦桢、道格拉斯·怀尔、马克·亨尼斯、罗伯特·斯密斯作为译介项目的发起者,同时负责翻译生产环节,且在翻译郑曼青太极拳作品之前也有出版其他作品,与出版社有一定的合作关系,此次继续利用自身资本成功招募到 North Atlantic Books、Sweet Ch'i Press 和 Tuttle Publishing 等出版社,North Atlantic Books 的 Blue Snake Books 项目和 Tuttle Publishing 一直致力于发掘亚洲文化、历史、武术等各类信息,根植于出版相关图书,Sweet Ch'i Press 虽然出版的相关选题的书籍较少,但所出版的四本书都与太极拳相关。这些出版社重视武术类图书的出版,让越来越多的人可以通过阅读了解武术,他们凭借自身的实力、声誉和号召力,推动郑曼青太极拳译介作品进入西方读者的视野。

② 网上书店

在互联网时代,读者习惯于依靠网络获取图书信息,出版社除了发行传统纸质书外,还积极利用互联网拓展营销流通平台,亚马逊网上书店极大地推动了四部译介作品在海外的传播。

1995 年 7 月,亚马逊公司在美国创立,是全球最大的电子商务公司,在世界范围内享有较高知名度,而亚马逊网上书店作为亚马逊公司的一部分,拥有的图书种类约 400 万种,比全球任何一家书店的存书量都要多出 15 倍以上,顾客覆盖全球 220 个国家和地区,是世界上销量最大的书店(卢安,2014:150-152)。

在亚马逊网上书店,读者可以买到这四部郑曼青太极拳的译介作品。各大出版社和亚马逊网上书店依靠各自丰厚的资本相互联结,合力为郑曼青太极拳译介作品在美国的传播搭建强有力的平台,更为重要的是,亚马逊网上书店凭借资源丰富、容量巨大,提供文字、图像、声音、视频等多种信息形式等优势,联结了庞大的目标读者群体,读者在传播过程中的作用是无可替代的。在整个购买过程中,购买者、商家和前消费者之间通过网络平台(如亚马逊网上书店)对所购作品进行在线点赞、评论、交流感想等,形成良性互动,从而实现译介作品的交互传播。但目前只有《超级版》提供纸质书和电子书,其余 3 本只能购买到纸质书。在当代,亚马逊网上书店可成为推广郑曼青太极拳译介作品的重要途径,但应加快出版物数字化的转变,使太极拳译介作品在形式上更符合当代人的阅读习惯,拓宽其传播渠道。

③ 个人网站

在互联网场域,郑曼青的个人网站(www. chengmanching. com)亦助力郑曼青太极拳译介作品的传播。在该网站上,我们可以搜索到郑曼青的相关文章,有些文章为郑曼青所著,有些文章则是郑曼青的弟子或是亲人所写,描绘郑曼青本人或是郑子太极拳的相关内容。我们还可以看到郑曼青谈论太极拳或是教授太极拳的视频,甚至可以在该网站上直接购买郑曼青教授太极拳的相关视频。网站还提供一些与郑曼青相关的其他链接,如郑曼青曾经创立的时中学社、郑曼青纪念馆、意大利郑曼青太极拳学校等,也可以通过网站上提供的电话、邮箱等联系方式与网站运营团队联系,以获取更多关于郑曼青的信息。在网上书店和个人网站等互联网媒介的推动下,郑曼青太极拳译介作品进入了公共传播网络。

综上,郑曼青太极拳作品"译介与传播行动者网络"运作可用图 4.4 呈现,简要说明如下:郑曼青太极拳作品《郑子太极拳十三篇》和《郑子太极拳自修新法》借助郑曼青本人到美国建学社教授太极拳进入美国,罗邦桢、道格拉斯 · 怀尔、马克 · 亨尼斯、罗伯特 · 斯密斯发起译介项目,并承担翻译任务,凭借自身资本招募到出版社出版译介作品,作品译成英文版本进入西方翻译场域,通过网络媒介进入互联网场域和世界图书场域,再加上郑曼青个人网站的加持,联结到更多的读者,从而拓宽了其译介作品的传播范围。

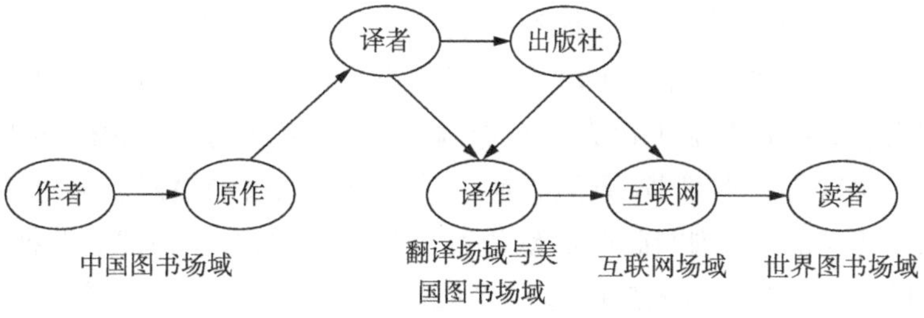

图 4.4 郑曼青太极拳作品"译介与传播行动者网络"

2) 郑曼青太极拳作品传播效果

根据拉斯韦尔的 5W 模式,传播通过传播者研究、内容研究、媒介研究、受众研究和效果研究五个主要部分完成,而其中效果研究更受重视,毕竟研究传播、探讨传播规律,就是为了提高传播效果。当作品进入市场后,不可避免地要接受受众的检阅。在西方各种强势文化的冲击下,中国作品要想成功对外传播,就不得不思考该如何达到传播效果。接下来将依据四部译介作品在亚马逊网上书店及在亚马逊旗下的一家图书分享型社交网站 Goodreads 上的评分和评论简要分析其传播效果(见表 4.2 和表 4.3)。

表 4.2 四部译介作品在亚马逊网上书店的评分和评论情况(数据截至 2019 年 12 月 26 日)

作品名称	整体评分	5 星好评	评论情况				
			5 星	4 星	3 星	2 星	1 星
T'Ai CHI: The "Supreme Ultimate" Exercise for Health, Sport, and Self-Defense	4.2	59%	57%(32)	20%(11)	14%(8)	4%(2)	5%(3)
Cheng Tzu's Thirteen Treatises on T'ai Chi Ch'uan	4.7	76%	81%(33)	17%(7)	2% (1)	0	0
Master Cheng's New Method of Taichi Ch'uan Self-Cultivation	4.2	61%	58%(22)	16%(6)	18%(7)	5%(2)	3%(1)
The Annotated Thirteen Chapters: Master Cheng's Thirteen Chapters on T'ai-Chi Ch'uan	4.4	59%	69%(9)	23%(3)	0	8%(1)	0

在亚马逊网上书店,四部译介作品的整体评分都在 4 分以上,对于译作的实践价值,读者都认为它们是有帮助的。评论包括:“任何习练者都可以从阅读这本书中受益。”“这本书就像郑氏的三十七式一样,准确、简洁、充满了‘气’。这是很好的关于太极拳的英文书之一,它包含了太极拳的历史、哲学、形式和感应手的应用。”“大多数太极拳的书都是粗制滥造,让人迷惑不解,但这本不是这样的。”“教授的解释增加了很大的知识洞察力,分解式的图片帮助学生更清楚动作细节。”“这是一本旧书,但仍然是郑对于杨氏太极的最好参考之一。”评论认为,该书传递的信息如“陆地游泳”等都极具启发性,可作为课后的补充读物:“非常好的书。如果你真的想成为一名太极拳运动员,这本书是基础。”“非常好的书,对于理解太极以及相关的哲学思想很有帮助。”“如果不懂十三篇,就无法理解太极的真谛。”“文字深刻而又客观。”“熟悉道家哲学的读者会比初学者多享受一点,但绝对推荐给所有读者。”“姿势描述得非常清楚,容易理解。”“这本书的信息非常清楚,它的论述是具有启发性的,使我们重新认识太极拳知识,对我来说,尤其是‘陆地游泳’这一章最具启发性。”该书对日常学习也有帮助:“有用的和有益的。详解的动作图片可以帮助像我这样的新同学学习动作。”“这是一本好书,适合任何有兴趣学习太极的人。”(Amazon,2019)。

表 4.3　四部译介作品在 Goodreads 上的评分情况(数据截至 2020 年 2 月 22 日)

作品名称	整体评分	评分情况				
		5 星	4 星	3 星	2 星	1 星
T'Ai CHI: The "Supreme Ultimate" Exercise for Health, Sport, and Self-Defense	4.23	45%(32)	35%(25)	17%(12)	3% (2)	0
Cheng Tzu's Thirteen Treatises on T'ai Chi Ch'uan	4.20	42%(47)	37%(41)	19%(21)	2% (3)	0
Master Cheng's New Method of Taichi Ch'uan Self-Cultivation	4.24	50%(25)	28%(14)	18%(9)	4%(2)	0
The Annotated Thirteen Chapters: Master Cheng's Thirteen Chapters on T'ai-Chi Ch'uan	4.27	47%(14)	37%(11)	13%(4)	3%(1)	0

四部译作在 Goodreads 上的整体评分也都在 4 分以上。在 Goodreads 上主要以评分为主,所以评论数量远少于亚马逊网上书店,但从四部译作仅有的 18 条评论中,也可以看出读者对译作所提供信息的认可,认为译作能够帮助他们了解、学习太极拳。"有助于深化太极拳研究。""太极拳的奥秘揭秘,值得反复阅读。""这是郑曼青杨氏太极拳的经典著作,也是我所找到的唯一一本书,以一种新练习者可以真正学习到整个拳式的方式记录了整套拳法。""我爱太极拳,买这本书是因为它是郑曼青大师写的。"(Goodreads,2019)。

整体来看,在这四部译介作品中,《十三篇》的各项指标都是最好的:一方面在于此书是郑曼青代表作《郑子太极拳十三篇》的译本,且译者保留了原著的所有主要内容,确保此书内容完整、全面,既可满足受众想要深入了解太极拳及其背后哲理的需求,又可满足学习太极拳动作招式的需求;另一方面在于译者罗邦桢在翻译时尽可能地忠实于原文,还原作者思想,同时有马丁·因的协助,使得译文能较好地符合目的语的使用习惯,易理解,也易被读者接受,再次证实中西合译为最佳模式。

《新解版》和《注释版》都属于西方汉学家发起并翻译+西方学术出版社出版模式,虽然前者的整体评分比后者低,但前者在五星好评率和五星评论数量上都占据优势,且有一点不容忽视,即后者在亚马逊网上书店上只有 13 条评论,评论数量是这四部译介作品中最少的。在同一运作模式下,为何两本译介作品的传播影响力存在差异呢?我们可以从出版社的综合实力和作品的适销性两个方面来分析。在出版社的综合实力方面,前者由 North Atlantic Books (NAB)出版。在作品适销性方面,前者是郑曼青另一代表作《郑子太极拳自修新法》的译本,译本内容与原著内容统一,被受众推荐可以和 *Cheng Tzu's Thirteen Treatises on T'ai Chi Ch'uan* 配合学习;而后者内容不够完整,作为《郑子太极拳十三篇》的译本,只呈现了原著中的拳论十三篇,即理论部分,实践部分包括招式解析等内容全被省去,导致部分受众流失。所以说,《新解版》在出版社综合实力和作品适销性上都比《注释版》略胜一筹,使得两部作品在传播影响力上出现差异。

《超级版》属于西方汉学家发起并翻译+西方商业出版社出版模式,理论上看,该模式的传播影响力要好于西方汉学家发起并翻译+西方学术出版社出版模式,毕竟译作经由商业出版社出版后更易进入主流图书流通渠道,且推介力度更大、面向的受众更广(汪宝荣,2019),但实际上此译作的评分不够理想,主要受限于书中的配图。本来图文并茂的呈现方式是受众所喜爱的,也有助于自学太极拳招式,但受众反映书中的配图是镜面图像,这是武术传统教学展现的方式,即文字描述是正确的,但图中所示动作方向与描述相反。西方读者不太习惯这种方式,在对照学习的过程中容易造成困惑,反而给学习招式增添了困难,严重影响到了受众对照此书习练太极拳,为此译作的一大缺陷,也直接导致译作整体评分的下降。

4.4.2.3 《郑子太极拳十三篇》译介模式

一本典籍译本能够在海外传播和被接受,是多种推介模式的共同作用,只有作者、译者、出版社等通过具有一定时间延续性的行为才能形成一定的模式。从受众的反映来看,郑曼青的著作在美国的译介还是属于较为成功的案例。在对他的著作译介过程做了多方面的综合分析后,我们发现他的著作在译介中使用了多种模式,见图 4.5:

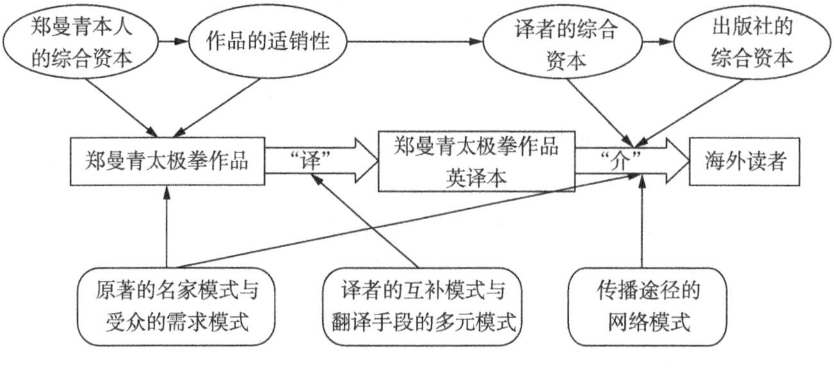

图 4.5　郑曼青太极拳作品译介模式

原著的名家模式:作为《郑子太极拳十三篇》和《郑子太极拳自修新法》的作者,郑曼青是杨澄甫的嫡传弟子,因精通诗、书、画、医、太极拳,被誉为“五绝大师”。20世纪60年代,他在美国建立学社,广招学徒,教授太极拳,且传播内容技术与文化并重,教授方式深入浅出,让学生习拳以体悟生活之道。正因为郑曼青在美国亲力亲为地传播太极拳及其背后的文化内涵,让越来越多的美国人有机会接触太极拳、感知太极拳之美,甚至爱上太极拳,推动了太极拳在美国的发展,为日后自己的太极拳作品在美国的译介和传播埋下伏笔。

译者的互补模式:中西合译互补模式更有助于译介作品取得较好的传播影响力。郑曼青太极拳译介作品主要采用两种译者模式——国外汉学家译者模式和中西合译模式,除翻译外,还存在国外汉学家“直接用外语著述”的传播方式。从四部译介作品的译介效果来看,中西合译译介作品在亚马逊网上书店的整体评分、五星好评率等各项指标都位居榜首,这再次证实中西合译模式为最佳模式。毕竟,中方译者能弥补国外汉学家在把握汉语和中国文化精髓上的不足,而国外汉学家能弥补中方译者不了解国外受众认知语境、欣赏口味、审美情趣等方面的缺陷,中西合译互补模式能够最大限度地取长补短、跨越差异,为译本的传播保驾护航。

翻译手段的多元模式:内容选择及呈现方式应考虑受众需求,拉近与读者的距离。随着太极拳在美国越来越被大众接受,习练者越来越多,罗邦桢、马丁·因、道格拉斯·怀尔等人意识到,郑曼青的太极拳作品不仅能够成为日常教学辅导用书,而且能用于学生自学,满足大家想要了解太极拳的多元需求,翻译这些作品具有必要性,并在内容呈现方式上尽可能平衡好“保留文化特色”与“保持对外沟通性”之间的关系。虽然采用的方式各不相同——罗邦桢、马丁·因配合使用归化与异化策略使译文更易被读者接受;道格拉斯·怀尔采用注解,实现对文化缺省的弥补;马克·亨尼斯有意地漏译,即节译,对原文进行适当的删减、合并和结构调整,使译文更符合目的语的使用习惯,拉近译文与读者的距离;罗伯特·斯密斯基于原文的精髓和自身的经验对原文进行重新编写,使文本更流畅可读,更贴近西方读者——但都体现了译者在尽力保持译本的对外沟通性,亦体现出对外传播手段的多样性,翻译并不是唯一的选择,还有改写、另撰等其他手段。

传播途径的网络模式:郑曼青太极拳译介作品通过作者、译者、原作、译作、出版社、网上书店、个人网站等行动者共同构建了一个译介与传播行动者网络,推动作品在世界范围内的译介和传播。商业出版社的传播影响力一般比学术出版社强,太极拳译介作品可争取得到商业出版社的认可并出版,让译作更容易进入主流图书流通渠道,加强译作在西方图书场域内的竞争力,同时调动影视、互联网等多种媒介手段，目前在亚马逊网上书店只有《超级版》提供纸质书和电子书，其余三部只能购买到纸质书，应加快出版物数字化的转变，形成各种媒介的互动，联结更多受众，加强译作在互联网场域的竞争力，拓宽译作传播渠道。除努力增强"外力"外，还应增强译作本身的"内力"，提高译作的质量及自身的适销性，如根据受众反馈，对译作进行适当调整，加强译作在翻译场域内的竞争力。

受众的需求模式。随着太极拳在美国越来越被大众接受，他们想要通过书籍了解和习练太极拳的需求日益强烈，加之郑曼青及其家人也有通过翻译作品而扩大太极拳传播范围的需求，推动了郑曼青太极拳作品的译介，目标受众为太极拳习练者。近些年，太极拳的健康价值被日益重视，且得到广泛研究，其中有不少研究是专门针对中老年人的，如习练太极拳以提高中老年人的平衡能力，从而预防跌倒等，有些研究还进入了实践操作阶段，太极拳译介作品可借着这股东风吸引中老年人的目光，扩大读者范围。

4.4.2.4　影响《郑子太极拳十三篇》译介传播的因素

通过综合分析郑曼青太极拳作品的译介过程，我们发现以下因素在传播中起到了一定作用：

郑曼青本人的综合资本：郑曼青年轻时师从杨氏太极拳宗师杨澄甫，得其真传，协助杨澄甫将《太极拳体用全书》整理出版，并根据自身经验将太极拳改良，删繁就简。20 世纪 60 年代，他前往美国创办太极拳学社，培养了一批高水平弟子，还有很多短期学生。这些人当中不乏一些美国政要，他的弟子也在美国的一些主要城市设馆教授太极拳。他的著作也被多次翻译出版，还有他的弟子将他的生活、教学情况汇集成书出版。这些丰富的社会资本、文化资本以及象征资本为其著作的传播提供了良好的市场基础。

出版社的综合资本：一家出版社拥有的符号资本包括悠久的历史、总部所在地、编辑的声望以及作家获得过的重要奖项等。四部译介作品中，整体效果较好的两个版本都是由 North Atlantic Books（NAB）出版的，该出版社是世界上出版武术类书籍的最大出版社之一。出版社创始人葛洛辛尔（Grossinger）指出，NAB 从一个文学杂志社逐步发展为一个全方位的出版社，发行了上千种的图书。与其他出版社不同，作为非营利性出版社，NAB 一直秉承自己的理念和使命，并不追求商业成功，在读者的支持下也取得了一些商业成就。这些年，为了与时俱进，出版社在不断拓展出版领域，选择更多当代作家，同时还帮助一些被低估的作者出版作品，传播有力声音。不仅如此，它还积极开拓网上电子出版，以多种形式提供作品（Anisse Gross，2020）。作为出版社主管助理，赖尔

(Reil)认为,出版社所出版的书籍涉及多个领域,从健康实践到新意识等各个方面,希望给读者提供可以积极改变生活和世界的建议。NAB在西方尤其是学术界声誉卓著,市场号召力大,也有强大的营销网络,在读者群体中也有一定的影响力(Wendy Werris,2020)。

作品的适销性:《郑子太极拳十三篇》是郑曼青于1947年所著,他将自己多年习练太极拳的经验和感悟写入此书,书的核心部分是卷上的拳论和卷中的招式解析。拳论主要讲述太极拳的要点及其文化内涵、太极拳的健康价值以及太极拳的科学性,动作招式则用图解方式进行解析。《郑子太极拳自修新法》是对《郑子太极拳十三篇》的补充,增加了自修要略,还添加了144张附图,并配合足步图及步法格式,以方便大家在习练时对照。此书对太极拳习练者自修太极拳具有指导意义,很多读者对作品的适用性表示认同,可作为课后辅导读物,也可配合《郑子太极拳十三篇》一起使用。正是文本本身的内在资本促进了译介作品的有效传播,所以说,文本的"内力"是译作在目标市场适销的重要保障。

译者的综合资本:四部译介作品的译者都是在美国武术界拥有知名度的人士。道格拉斯·怀尔是美国当代汉学研究专家,他不仅对太极拳历史、拳论有深入研究,而且翻译过许多武术典籍,对中国武术了解深刻;罗伯特·斯密斯是郑曼青的第一位外国弟子,在美国教授太极拳,是美国著名的武术家和作家,对东方武技有深入的研究;罗邦桢也是郑曼青的高徒,在旧金山创办"环球太极拳社",长期教授太极拳;马克·亨尼斯曾在中国学习哲学、古文和太极拳,对郑曼青在诗、书、画、医、太极拳方面的思想都有所研究。这些译者不仅拥有丰富的太极拳知识,对中国武术也有深入的了解和研究,对中国文化和语言也较为精通,且在社会上有很高的知名度,拥有自己强大的社会网络。在购书评论中很多读者也提到因太极拳教练推荐而购买。

由上可见,郑曼青太极拳作品的译介和传播是有关行为者和机构通过生产、营销等手段,以最大限度地发挥译作的传播影响力,进而被美国读者或市场所接受的过程。当然,传播影响力还取决于译介模式,这个案例采用了多样化的译介模式,且考虑四个传播因素,通过不同形式的资本相互转化,让传播更为有效。四部译介作品虽然取得了一定的成功,但不可否认的是,相对于中国文学作品译介在海外市场的繁荣,这四部书还显得知名度不够,存在呈现形式不够丰富、传播途径不够多元的问题。总体来看,这个例子还是能为太极拳乃至武术典籍海外传播提供一些新的启示的。

在"译"的方面,应选择名家的作品、适销性强的作品以及能够满足受众需求的作品。基于中西合译,译者应充分发挥其主观能动性,对原文进行"创造性叛逆",配合使用多种翻译策略,最大程度地跨越差异,取长补短,平衡译本"保留文化特色”与“保持对外沟通性”之间的关系,保障译本质量,并为译本之后的传播保驾护航。

在“介”的方面,在作品适销性和受众需求的影响下,充分利用作者、译者、出版社的综合资本,以及各种媒介构建传播途径的网络模式,推动译介作品的传播,除通过海外出版社、网上书店和个人网站进行传播外,还需发掘更为多样的传播途径。

一是举办书展。海外书展是一个为国际出版社提供了解图书市场、进行交流和贸易的机会的平台,可以通过各种手段,例如:宣传、销售、贸易等,让自己国家的图书走向世界。武术类译介作品的传播可以借鉴中国文学译介作品“走出去”的经验,积极参与国外书展,或是在举办武术类国际比赛期间举办专门的武术类书籍的书展,或是展览武术类书籍,开拓与海外出版社、目标读者面对面交流的途径,更为主动地展示作品、提高作品知名度,促进作品走向国际市场。

二是充分利用书评、推动作品影视化等,提高作品曝光度。媒体的报道评论可以让事件快速进入人们的视野,但四部译介作品对媒体的利用率不够高。在作品的传播过程中,可以找国内外知名的武术家、太极拳大师等为作品写书评,并利用专业报纸、杂志、网站等加大宣传推广力度。此外,电影对文学译介作品的传播起到了聚光灯的效应,也可尝试推动太极拳作品影视化,借助电影的商业运作和宣传,帮助克服文化认同的障碍,推动作品的传播。

【文化对话 1】李甫中:太极拳在美国的传播

李甫中,美国俄勒冈研究院(ORI)的高级科学家、11 项美国国立卫生研究院/疾病控制预防中心基金资助研究项目的首席科学家。

太极拳治疗和康复功能的研究

太极拳在发展初期是武术的一种,它本来是自我防御的一种方式和能力。过去,人们没有意识到太极拳可以治病。经过长期的发展之后大家发现,它也可以作为一种造福人类的方式。尤其对于我们所研究的公共卫生领域,我们可以使用太极拳进行疾病的预防和控制。这一研究领域现阶段又有了进展,不仅仅可以预防和控制疾病,更注重太极拳对老年人身体障碍和病症的治疗功效。

太极拳对帕金森病人的具体病症,如平衡能力、认知能力的改善是很有帮助的,因为太极拳非常平稳和缓慢,对老年人的神经控制有所帮助。同时,老年人的其他病症如骨质疏松,同样可以通过太极拳运动得到改善,但是所采用的太极拳招式则不同于帕金森病人。如果要改善高血压,又是另外一种情况,需要采用柔和缓慢的太极拳动作,比如采用杨氏太极会比陈氏太极更好。所以要研究太极拳如何改善老年人出现的身体障碍,首先必须掌握太极拳实际操作技术,其次要了解老年人身体障碍的病症及成因,运用神经控制学的医学经验对症下药。总而言之,需要依据老年人的不同病症和身体状况来调整适合的太极拳动作。我们主要做的是针对平衡能力方面的问题,这就需要研究大脑平衡控制的机制来设计相应的太极拳治疗方案。

起初,太极拳在医疗卫生领域主要应用于疾病发生之前,目的是预防患病。中国大多数人更注重疾病的预防,在发病之后习惯于就医。但是现在公共卫生领域也逐渐更加注重太极拳在治疗和康复方面的作用。比如说太极拳可适用于老年人疾病发生的初期阶段,会有助于治疗和康复,太极拳动作缓慢有助于老年人平衡机制的训练。总之,我们以前研究太极拳在预防疾病中的作用,现在我们的研究重点是太极拳在疾病治疗和康复中的作用。

太极拳与健康传播

太极拳能够改善人们的身体机能。因为它对人们确实有用,人们才会接受和体验这种文化。对于太极拳的研究有很多不同的层次,而且大家可能对太极拳也有不同层次的理解。我在研究太极拳对身体平衡控制方面的影响的同时,也关注阴阳平衡,但是,我们不会从抽象的心理和精神层面来测量太极拳带来的好处,而是更倾向于从科学研究的视角来测量,并用科学研究的数据来证实太极拳在治疗疾病中的效果。但是，太极拳带来的比较抽象的精神层面的效果不好测量，没有办法用数据论证，不具有说服性。作为一名中国人，我也希望去推广中国文化遗产，去造福人类。就像太极，实际上是一种无国界的世界性的文化，但我所采用的推广方式不同，我主要是通过太极运动来推广健康传播。

在进行太极运动健康传播的过程中，我有专业的运作团队。首先，我会提炼出太极拳运动中的精华部分，尤其是能够适用于疾病治疗和康复方面的内容，会排除那些非太极的东西。其次，我会选择太极教练，自己再对他们进行专业的训练。在教练的选择方面，他们必须有运动康复方面的背景知识和技能，还需要有丰富的授课经验，尤其需要懂得如何教老年人，另外，他们还要懂得如何针对老年人的身体障碍进行太极拳的传授。但是我不会选择那些打过太极拳的人，因为他们打太极的程式已经形成，不太容易对他们进行改良，那我针对治疗和康复打造的太极运动招式就没有办法进行更好的实施。我目前制订的这一太极传播模式已经得到广泛的应用。

我们开发的这种推广模式之所以能够得到迅速推广，主要是因为我们的实验和研究都是经过科学验证后证实能够使人们受益的方案。我们做研究的目的不是发表，而是将论证付诸实践。比如在美国，就拿我们的项目来说，老年人活动中心一旦采纳了我们的方案，美国政府就会把这样的项目变成一种社会项目进行资助，并且作为一种政策进行社会推广。美国很多医生都了解我们这个项目，了解我们这个项目对治疗和康复的好处，他们愿意建议病人到我们这里进行太极拳康复治疗。不过在中国就没那么容易实施，尤其是医生不了解太极拳对治疗康复的好处，不感兴趣的话，很难实现体医结合。

美国的体医结合实践与太极拳推广

体医结合对医生的要求比较高。不但要求医生要懂得太极在保持身体平衡方面的技能，还需要掌握什么样的动作适用于糖尿病患者。仅仅了解这方面的知识还不够，还要明确多少次和多长时间的太极运动才能有效果。此外，打太极的场所也非常重要，这需要与社区结合，社区为这类人群提供场地，社区推广这种模式在美国是很普遍的。

这样一来就涉及太极拳产品的开发问题。太极拳历史悠久，并不是一两项研究就能够把这项传统运动完全搞懂的。它有动态的招式，也有静态的运动方式，动态的招式可能会对某些有关节问题的人的关节造成更大的压力，这类人群就更适合静态的运动方式。

我们这个项目在起初就会对人群和不同患病程度进行界定分类，区分中年群体、老年群体，病症由轻度到中度者等。我们主要针对的人群年龄在40岁至

80岁,患病程度在轻度到中度,通过太极运动对病症进行干预。40岁以下及80岁以上的人群的状况,我们就没有办法去控制了。我们所做的不是实验室里的实验,并非各种因素都能够控制,而是在社区中进行实地研究,尤其是当患者是80岁以上的老人,如果说病情比较复杂,有各种各样的病症和特征,就很难确定其是哪种病症,很难制订有针对性的治疗方案。

实际上有很多研究证实过太极拳的好处,我们的目的是针对不同人群进行推广。这种推广的形式可以包括太极拳学习班、教练培训班等,甚至可以派学生进入社区,进行太极拳疾病预防方面的知识内容授课。这是一种以病人为目标的服务模式,根据他们不同的病症特征来调整治疗方案,如果想通过太极来解决病症,一定要明确太极对某一病症的好处,病人才会有动力通过太极的方式来缓解疾病,才会接纳这种治疗方式,这样对太极的推广会更有益。我现在也发现大家进行的活动都是很现代的,比如跳舞等,现在之前红极一时的各式太极拳都不常见了,其主要原因还是场地不够。因此,对国家来说,要满足太极拳爱好者的需求,甚至推广太极的话,就需要建立大型的太极拳运动场所。我们推广太极的目标人群不是那些身体健康的、有自己运动方式的人群,而是那些弱势群体,尤其是老年人、低收入者。例如,在美国有专门为那些容易被社会抛弃的流浪人群创造的、提供保障和服务的场所,以保障他们的身心健康。我们已经有成熟的太极文化推广服务的模式以及相关的科学研究,所以现在最主要的任务就是有针对性地在目标人群中推广实施。

(口述:李甫中　采访和整理:陈珊　秦瑞泽　李尚清　杨楠)

【文化对话 2】叶李贝贝：文化传播的核心是传播健康

叶李贝贝，本科毕业于上海体育大学，后考上复旦大学对外汉语专业研究生，毕业后被派往复旦大学英国诺丁汉大学孔子学院工作。

我在英国教太极拳

2011 年，我加入孔子学院时就开始教太极拳。太极拳项目是汉办推广的主要项目之一。每年汉办会选派志愿者参加培训。培训的课程中，有一项重要的内容就是太极拳的习练。这个课程一般要求每个志愿者都要学会打一套太极拳。我是因为个人兴趣，在本科的时候，就选修了太极拳这门课。后来在研究生阶段，我开始在汉办做志愿者，但是那时候我打太极拳还不够专业。志愿者服务期结束后回国，正是我读研二的时候，我正式加入杨氏太极协会，从基本功开始练，天天训练。这一年我的技能提高得比较快。研究生毕业之后，我就来到孔子学院做专职教师，这时候，太极拳已成为我个人的专长。从这时起，我在教授太极拳过程中开始感到得心应手，教学效果也更好了。

一般我的学员中有成年人，也有小孩子，老年人来学习的也很多。目前孔子学院的太极拳课程主要是去当地的中小学和大学做推广活动。另外，在一些中国传统节日的庆祝活动中也会进行太极拳的推广。例如，农历新年的时候，因为诺丁汉大学跟中国的交流非常密切，他们在新年时会举办大型活动，当地的群众都会来参加，所以我们便在其中设立一个太极拳互动区域，让感兴趣的群众来参与互动，学习一些基本的太极拳动作。这样的活动中参与的人群是多种多样的。

此外，我们会去当地的老人院(老年中心)进行推广。有运动能力的老年人会跟着我们做一些基础的太极拳动作练习，那些行动不便的老年人也会坐在椅子上跟着我们活动活动。另外，我们也与癌症患者关怀组织、有特殊需求的女性关怀小组合作，为他们的服务对象提供太极拳教学服务。我们在女性关怀小组进行的教学活动效果特别好，她们在结业时还根据学到的太极拳动作进行了艺术创作，在画布上作画。

其实在对女性关怀小组进行教学的时候，我心里的压力特别大。因为那里的负责人告诉我，这些女性非常特殊，有些有精神疾病，有些是暴力受害者，还有些患有疾病。我非常担心因自己缺乏相关的教学经验而影响教学效果，因为我通常给小孩子做教学，有一套比较完善的针对孩子的教学模式，孩子们也都很喜欢。比如，我会给孩子们看一些太极拳的电影片段，让他们直观地感受太极拳的美感和趣味。但在这些女性学员中，有部分是暴力受害者，我就不敢把有暴力场面的电影片段播放给她们看。所以我另外编选了一些适合女性的视频内容,在教学的过程中会更注重太极的平衡、和谐、对身心的调试等。在教学的过程中,我发现学员中很多人精神状态不太好,练习的过程中会不配合,有的甚至会发出奇怪的声音、乱走、目光呆滞。当时组织方派人来协助我,并且告诉我说,只需要进行太极拳表演,组织方其实并不指望她们能学到什么,也不敢奢求学员参与互动。

但是后来的教学活动还是很成功的。开课前,我通过 PPT 展示了太极拳的一些背景知识和表演片段,然后我演示了一套八段锦的动作。八段锦相对简单一些,在我的一再鼓励下,在场的女性渐渐都站了起来,一个个参与进来了。我先带着她们做了一些舒展身体的动作,她们感觉到身体的延展非常舒服,练习的积极性和兴趣逐渐被调动起来。于是在接下来的活动中,我就带着她们学习了一些非常基础的太极拳动作。我教她们做云手的动作,并教会她们配合呼吸,做身体的拉伸,她们很多人表示感到非常舒服。当时有几位女士问我们有没有长期的课程可以学习,但不巧的是,我刚好快要离任了。很遗憾,我不能继续给她们教授太极拳。但是那次课给我留下了深刻的印象,因为太极拳激发了有不同程度心理障碍的学员参与活动、学习技能的兴趣,让她们从中受益,这样的效果比我预期的要好。

这次活动也让我认识到每次去做活动时,需要根据不同的人群对课程内容做相应的调整,根据学员的情况,提出不同的方案,让他们能够迅速领会并适应这一运动形式,然后有机会再慢慢深入地引导他们练习。

太极拳课堂中的文化传播

在英国教太极拳时我们常常肩负一个为太极拳正名的重任——向英国民众澄清一个事实:太极拳不是一项专属于老年人的缓慢的运动,它是一项适合每个人的运动。我会向他们介绍太极拳是中国武术大家庭中重要的一员,它作为一项中国传统的强身健体的运动形式能够给身体带来很多好处。当然,当学员是未成年的小孩子时,我不会讲太多关于太极拳如何有利于身心健康的理论知识,而是更多地从身体锻炼的趣味性上入手,让他们对太极拳产生兴趣。当学员是成年人的时候,我就会涉及传统武术理论方面的知识,例如介绍“气”的概念,也会让学生在练习时体会“气”的运行。所以,太极拳课堂的内容也是因人而异的。

此外在太极拳课堂上,我们会讲抱拳礼,止戈为武,跟他们解释,中国武术的要义不是要与人打斗,而是对内强身健体、对外寻求和平。由此我们还会谈及中国传统文化对和平的追求等。总体来讲,抱拳礼的教学效果很好,下课的时候,小孩子们排队离开教室,有些就会给我做抱拳礼的动作。在给成年人授课时我对太极文化的讲授更多一些,但是对小孩子们而言,受时间、认知的限制,我更倾向于让他们对太极拳产生兴趣,让他们觉得好玩,讲防守攻击之类的话题,让他们实际操练一下、玩一玩。

在这几年教太极拳的过程中,我碰到的比较大的困难主要是语言方面,或者说是文化上的沟通问题。比如“云手”这个词,如果简单地翻译为 cloudy hand,对方可能还是不太明白这个招式是什么,因为这种表达方式不是很直观。只有看过你的动作之后,才会明白这样的动作被称为云手。这种语言上,或者说文化上的障碍主要是由两方面原因造成的:一方面是词汇量的限制,比如身体部位、关节、描述动作等方面不知道怎么说,但这个问题可以通过慢慢积累来解决,这次不会,我回去可以查,等下次就知道怎么教了;另一方面是思维上的差异。我之前听过一个讲座提到,你去教学,你比较倾向于用的教学方法是你被教的那个教学方法(你是怎么被教的,你可能就会用同样的方法去教你的学生)。我记得有一个太极拳小组里有一位快 70 岁的英国老爷爷,他很喜欢太极拳,曾经去瑞士、中国学习太极拳。他打的太极拳有时候跟我们打的不一样,就会引发争论。我们会跟他解释,不同的老师教法不同,他也认可这个说法。有一些动作细节,我们中国老师可能不深究,但他从英国人的思维角度出发,更能够理解英国人怎么想这个动作。所以他常常用有利于英国人理解的方式解释太极拳的教学当中出现的问题,这样学员很快就可以理解,也学得很快乐。但我们用中国的故事或典故讲给他们,效果往往会适得其反,学员很难理解其中的奥义。

我在 Youtube 上曾经看到一个外国人教太极拳。他在教太极中的“白鹤亮翅”时,会将这个招式与英语中的 puppet show(木偶表演)联系起来,便于英国甚至是欧美国家的人理解。在他的教学中,他会经常用一些英国人熟知的比喻,但是在这一方面,我们中国教师由于文化背景还不能做到得心应手。

太极拳文化与健康传播

我从事太极拳教学主要是因为我自己非常喜欢太极拳,希望有更多的人能够爱上这项运动。我不断地学习,也是希望自己在教学过程中能够将标准的太极拳法传播到各个国家,我希望各个国家的民众都能够接触到真正的太极拳。但是目前来讲,大部分教学活动都是一次或几次课,无法教成套的太极拳,只能教几个经典动作。虽然每次都有不少学员表示非常感兴趣,希望能够长期学习,但是太极拳长期班还是比较少的。相对的,愿意体验的人很多,但是真正能够坚持长期练习的人还是少数。真正感兴趣和懂的人会来学太极拳。太极有一定的门槛,对人的心性是有一定要求的,浮躁的人练不了。我觉得,太极拳的传播要广撒网,重点跟与太极拳有缘的人传递文化和健康信息。在众多的受众中,可能有这么一个人能真正领会到你说的内容,那么你在他的心里就种下了一颗种子。其实,你撒那么多种子,能有一两颗生根发芽也就差不多了。对于成年人,他来上你的课,是经过了解和选择的,他是有兴趣才来上课的,所以你跟他讲一些深入的知识,比如"和为贵""平衡"等思想,他能更好地接受。所以说还是要分年龄段,比如说大学生学汉语,是他自己选的汉语专业,但是中学生学汉语,有的是家长要求学的,或者仅仅是学校开了汉语课。相对来讲,对成年学员,可以深入探讨太极拳的文化内涵,对孩子来讲,可能趣味性才是第一位的。

访谈后记:叶李贝贝的访谈让我们思考一个问题——我们做文化推广的目的是什么?要推广到一个怎样的度(达到怎样的效果)?不管是哪个国家的文化,只要这个文化是精华,它就是属于世界的。我们做文化推广,不是要搞文化侵入,而是一种文化互通。以当前"一带一路"倡议为例,就是要做到民心相通(我要理解你,你要理解我),那我如何能够理解你呢?我不了解你的话,又怎么会理解你呢?你的文化就是让我了解你的一部分,而我的文化就是让你去了解我的一部分。可见,文化传播的要点在于沟通。

(口述:叶李贝贝　采访和整理:陈珊　秦瑞泽　李尚清　杨楠)

下编

西方体育文化“引进来”——以上海建设全球著名体育城市为例

第五章　国际视域下上海建设全球著名体育城市的现状[①]

对于如今的上海，体育无论是在提高城市综合实力还是繁荣城市文化方面都具有重要的作用。早在2002年中共上海市委、上海市人民政府就在《关于加快上海体育事业发展的决定》(沪委〔2002〕14号)里提出“将上海建成亚洲一流体育中心城市”。2007年，上海市体育局在《上海市体育发展“十一五”规划》的通知(沪体法〔2007〕123号)中又明确提出了把上海市建成国际体育知名城市的设想。2015年，上海出台的《上海市人民政府关于加快发展体育产业促进体育消费的实施意见》明确了上海体育产业未来十年的发展目标，首先便是建设全球著名体育城市。2020年12月8日，上海市领导再次针对这个任务提出了构建更高水平全民健身公共服务体系，不断提升赛事影响力、产业竞争力，加快打造全球著名体育城市，调研体育健身设施布局和建设的任务。

那么上海体育城市建设现状如何？与国际知名体育城市之间的差距在哪里？上海建设成全球著名体育城市的机遇与挑战有哪些？建设策略是什么？本章将从在上海生活的外籍人士的视角，较为真实地折射出上海体育城市建设的方方面面，归纳了他们对于上海全球著名体育城市形象建设的意见和建议，为上海全球著名体育城市形象的战略举措提供可参考的意见。

5.1　从在沪外籍人士视角看上海建设全球著名体育城市的现状

随着这些年上海建设体育城市，组织开展广泛的体育活动，媒体上对体育文化的传播也在不断增加，越来越多的人开始参与体育，他们在广场上、公园里、健身俱乐部里积极参与体育锻炼，对体育赛事也开始关注：上海F1赛车、ATP大师杯、上海国际田径黄金大奖赛等。这些都反映出体育城市的特色。上海建设全球著名体育城市，也是上海对城市体育形象在国际范围内的定位，这种定位应该是一种国际社会关系，一种城市在国际社会上通过互动过程中所

---

① 本章已于2016年发表在《体育科研》第37卷第4期，编者对文章部分内容进行了更新和补充。

形成的相互认同的关系。很显然,城市体育形象的形成是城市特征的自我设定与国际社会的社会承认两个方面的结合,换言之,城市体育形象是基于国际社会承认之上的城市体育特点的自我设定。一旦脱离他国或国际社会的承认、认同,就形不成国际的城市体育形象。因此,了解外籍人士如何看待上海城市体育形象是十分必要的,尤其是生活和工作在上海的外籍人士的看法对于上海城市体育形象的建设是有意义的。

2015 年 3 月到 7 月,我们对 300 名在沪外籍人士进行了问卷调查,并对部分外籍人士进行了深度访谈。问卷内容包括 47 个问题,涉及外籍人士在沪的体育参与情况,对体育场馆建设、竞技体育、体育媒体、大众体育、体育产业、体育文化等的看法共 7 个方面。问卷分为四个部分:一是调查受访者的个人背景,形式有单选题、多选题;二是调查受访者的体育参与习惯,形式也是单选题或多选题;三是对上海著名体育城市形象建设方面的调查,由于这个部分的调查是对外籍人士的主观态度和观点的调查,因此采用了李克特量表的方法进行测量;最后是将上海和他们的家乡进行对比,使用了开放式问题的形式。

接受问卷调查的外籍人士的基本结构如下。(1)国籍:亚洲周边国家占 52%,欧洲国家占 20%,北美国家占 15%,澳大利亚和新西兰占 5%,其他占 8%。(2)性别:男性占 64.66%,女性占 35.34%。(3)年龄:在接受调查的外籍人士中 25 岁以下的占 31.03%,25～35 岁的占 56.90%,35～45 岁的占 12.07%。(4)教育程度:拥有研究生学历者占 50.86%,大学学历的占 45.69%,高中及以下的占 3.45%。从以上数据可以看到,调查的外籍人士的结构比较接近目前上海外籍人士的主要情况,所以本次问卷调查的结果是具有一定代表性的。此外,接受我们深度访谈的外籍人士共有 32 位,文中引用的人士名单如表 5.1 所示。

表 5.1 接受深度访谈的外籍人士名单

序号	采访对象	国籍与社会职务
1	茵卡・图奥诺宁(Inka Tuononen)	芬兰 专业瑜伽教练
2	柳智允(Liu Jiyoon)	韩国 上海体育大学留学生
3	菊地贵志	日本 硕士研究生
4	黛比(Debbi)	美国 复旦大学留学生
5	可议(Kie)	日本 上海体育大学留学生
6	劳尔(Raul)	罗马尼亚 网球教练
7	武春水	越南 上海体育大学留学生
8	布兰登(Brandon)	美国 培训机构教师
9	法那特那科(Fanatenako)	马达加斯加 足球教练

续表

序号	采访对象	国籍与社会职务
10	丹尼(Danny)	美国 上海体育大学留学生
11	阿妮莎(Anisha)	毛里求斯 上海体育大学乒乓学院学生
12	安东尼(Anthony)	博茨瓦纳 上海体育大学运科学生
13	艾伦(Alan)	英国 外教
14	李亨基	韩国 留学生
15	帕特里克(Patrick)	澳大利亚 模特
16	戴维(David)	英国 本科生
17	范玉灯	越南 上海师范大学留学生
18	何塞(Jose)	西班牙 足球教练
19	特洛伊(Troy)	美国 培训机构教师

大多数在沪外籍人士对上海的总体印象非常好，认为上海是一座适宜居住的城市，体育环境非常好。

越南人范玉灯评价："上海舒服、宽阔，是理想的城市。越南是热带国家，户外活动少，不是特别热的时候才能活动。这里天气好，教育方面，课堂运动做得好，上师大篮球场全天都可以使用，大学生运动意识很强。"

澳大利亚人帕特里克(Patrick)说："我喜欢上海，上海很棒。上海的一些运动设备和器材都很棒。"

英国外教艾伦(Alan)说："从整体上来说，上海是一个居住起来令人激动的地方。成为这座城市的一部分，所有的事物都发展得越来越快。特别是在浦东建立的美轮美奂的高楼大厦，这是上海日渐发达的标志。我知道有许多体育赛事每年都在上海举行，比如网球大师赛，甚至足球方面也做得不错，比如上海申花，有许多很棒的球员。"

罗马尼亚人劳尔(Raul)说："这是一座很棒的城市，人很多，很热闹。我很喜欢这座城市。上海的网球发展得很快，趋势不错。现在有越来越多的人加入这项运动，而且人们愿意去学习，愿意参加网球课程，希望技能得到提升。所以上海发展得不错。"

美国姑娘黛比(Debbi)说："我很喜欢这座城市！我认为在这里可以做很多有意思的事情，这里的人也很热情。我也做了许多包括去外滩、豫园旅行等有趣的事情。"

韩国人李亨基说："我觉得其实上海已经发展得特别好了，比我当初想象得要好,上海人对我们也非常友善。上海毕竟是国际金融城市,规模很大,各项基础设施也比较好。”

5.2 上海建设全球著名体育城市的现状

5.2.1 上海承办了一系列高水平国际性重大体育赛事

国际性重大体育赛事对提升城市的国际影响力的作用是重大的,许多国际知名体育城市都是这样做的。这些年,上海引进了 F1 赛车、网球大师赛、田径黄金大奖赛、斯诺克大师赛、汇丰高尔夫公开赛、国际马拉松等一系列国际性赛事。“目前,上海举办的国内、国际赛事基本稳定在 75 场左右/年,其中国际赛事有 35 场/年”。(肖焕禹,李文川,方立,2010:1-6) 这些赛事的成功举办改善和提高了上海的体育城市形象,促进了文化的交流和融合,增强了城市的凝聚力,提升了城市文化的吸引力,提高了市民的文明素质。罗马尼亚网球教练劳尔(Raul)也有同样的想法:“现在国际上热爱网球这项运动的人数在增多,ATP 在网球界算得上比较重要的赛事,上海举办这样的赛事能吸引更多人的注意力,让更多人了解上海这座城市,所以上海举办大师赛有助于拓宽市场,推销上海。”

在接受问卷调查的 300 名在沪外籍人士中,超过半数(57.76%)的人员表示经常观看体育赛事。对于上海举办的这些国际性赛事,有 41.37%的外籍人士认为赛事类型还可以,在数量上认为不再需要引进更多的不同类别的赛事。日本留学生可仪(Kie)提到有很多赛事在家乡时都曾听说过,但没有机会看到,很高兴在上海看到了。观看过的赛事中,观看过 F1 和 ATP 的外籍人士最多(20.69%),其次是上海国际马拉松(12.94%)、斯诺克大师赛(7.76%)、国际田联黄金联赛(4.31%)、亚洲极限运动(13.79%)、其他赛事(1.72%)。美国姑娘黛比(Debbi)还参加过 2014 年上海的半程马拉松。她表示:“那是一次特别棒的经历。我很激动,当时有很多人过来为参赛者加油,让我度过了一段难忘的时光。”赛事服务是外籍人士最满意的。访谈时,芬兰瑜伽教练茵卡·图奥诺宁(Inka Tuononen)对上海举办大型赛事的组织能力十分赞叹:“他们有条不紊并且不慌不乱地将人群疏散到了地铁上,真的让人很惊叹。”韩国留学生李亨基比较了首尔和上海,他认为:“大部分比赛首尔也有,基础设施也差不多,但是上海的体育赛事规模比较大,观看的人也比较多。”

5.2.2 社区体育设施配备良好

“上海市已经建立了涵盖健身组织、健身设施、健身指导、宣传教育、竞赛活动、体质测定等六大服务保障体系，形成了以社区为重点，市、区县、街道(镇)、居(村)委会四级体育健身体系和以街道、乡镇、居委会全覆盖的市、区县、街道(乡镇)和居委会(村)四级体育设施网络”(张玉超，2011：75 - 79)。2021 年，上海市政府发布的《上海市全民健身实施计划(2021—2025 年)》中提出的目标是：“积极营造‘处处可健身、天天想健身、人人会健身’的全民健身城市环境。到 2025 年，基本建成与全球著名体育城市和‘健康上海’相适应的更高水平全民健身公共服务体系，推动全民健身公共服务均等化、标准化、融合化和数字化，基本实现全民健身治理体系和治理能力现代化。推动体育健身设施举步可就、体育健身组织充满活力、体育赛事活动丰富多元、科学健身指导专业高效、公共体育服务数字转型，实现全民健身与全民健康深度融合，带动体育产业高质量发展。全市人均体育场地面积达到 2.6 平方米左右，经常参加体育锻炼的人数比例达到 46%以上，市民体质达标率保持全国前列。上海成为国际知名、全国领先、具有特色的全民健身活力城市。”

由于政府人力、物力和财力的投入，根据《2021 年上海市全民健身发展报告》，“上海市人均体育场地面积达到 2.44 平方米，比 2020 年人均 2.35 平方米增加了 0.09 平方米。截至 2021 年底，全市累计建有市属、区属公共体育场馆 68 个，都市运动中心 6 个，建成市民健身步道(绿道)1 871 条、市民球场 2 797 片、社会足球场 706 个、市民益智健身苑点 17 797 个，建成社区市民健身中心 110 个、智慧健康驿站 238 个、职工健身驿站 20 个、长者运动健康之家 40 个，体育健身设施基本实现了城乡社区全覆盖”。从外籍人士调查来看，他们对于政府的投入是比较满意的。

在沪的外籍人士也会经常参加体育锻炼。在接受调查的外籍人士中，39.7%的人每月在健身场馆活动一次，29%是每周一次，9.48%是一次也没有。

接受调查的外籍人士的活动场所选择最多的是学校或者工作单位的体育场(32.14%)，其次是社区体育运动场地(25%)。有 46.43%的外籍人士认为社区设施配备良好。对于社区体育设施的维护，有 46.43%的外籍人士表示满意。在接受调查的外籍人士中，有 14.29%选择在公园里或者马路上运动。有 43.18%的外籍人士表示对目前上海建设的自行车道情况比较满意。

罗马尼亚网球教练劳尔(Raul)居住在嘉定区，他经常锻炼身体，他认为：“像公园、街道、健身跑道，这些都属于公共运动设施，其他的地方我不清楚，但就嘉定这边来说还是相当不错的。我也去过几个体育馆,配置都很高。"

美国人布兰登(Brandon)经常在公园里锻炼身体,他的看法是:"我很喜欢公园,就达成体育锻炼的目的来说,它们已经算很好了。我看到公园里有篮球场还有更常见的跟篮球相关的设施,还有用来散步的步道。"

5.2.3 群众参与体育运动的热情令人惊奇

2002年,上海市政府提出了"人人运动计划""花钱多健身,省钱少看病""运动让生活更美好"和"我运动,我健康"等口号,并积极推动《人人运动计划》,颁布了我国第一部全民健身地方性法规《上海市市民体育健身条例》。根据《2021年上海市全民健身发展报告》,上海全民健身发展指数("300指数")总分为254.4分,健身环境、运动参与、体质健康三方面情况良好。其中,"运动参与"指数升至86.7分,经常参加体育锻炼人口比例为45.7%,健步走、跑步成为热门锻炼项目。

接受问卷调查的外籍人士中认为市民体育参与的态度最好的占39.66%。在接受访谈时,很多外籍人士对上海市民的体育参与意识和频率表示惊讶,他们发现每天晚上有很多人在公园走路、跳舞进行锻炼。美国人特洛伊(Troy)说:"每天晚上看到校园里会有很多的市民来锻炼、走路,是件很棒的事。"

接受问卷调查的外籍人士对于老年人的运动态度有很深的印象,美国人丹尼(Danny)说:"我经常看到许多老年人在广场上或是公园里跳舞、打太极,非常有趣,而在美国,人变老的时候会选择等待死亡。还有他们对羽毛球的热情也比较大。"芬兰瑜伽教练茵卡·图奥诺宁(Inka Tuononen)说:"你们有许多运动器械,但经常是老人去使用,而且老年人相当疯狂。比如说你去地下街道,像那种隧道一样的地下街道,你也许会看到有个老年人在那儿锻炼。这种场景在芬兰是看不到的,但在中国,人们会在街道上或者其他什么地方锻炼身体。"来自博茨瓦纳的安东尼(Anthony)也觉得老年人的运动态度非常认真:"实际上,和我的家乡相比,我觉得中国的老年人对待他们的健康真的很认真、很严肃,因为在我的家乡,老人在60岁左右,他们就会说他们老了,不能做运动,只是想坐下来。"

而美国人黛比(Debbi)在校园里看到了大学生对于体育锻炼的热衷:"我在上海生活的这一小段时间里,我观察到越来越多的大学生热衷于跑步或一起做一些运动。到现在为止,上海市民对很多运动都非常有兴趣,尤其是大学生。"

关于广场舞这一独具中国特色的运动形式,受访外籍人士也非常感兴趣。

芬兰人因卡(Inka)的感受是:“一百多人一起？那真是相当疯狂。跳广场舞是中国特色。”日本人菊地贵志说:“上海市民总体而言对体育运动还是比较重视的。平时在这所学校里,我可以看到许多普通市民一起过来进行体育锻炼,我认为这是一件很棒的事情。许多中年妇女聚集在广场上一起跳舞。在跳广场舞的时候,无论你是哪国人,都可以参与进来,并焕发出无限的活力,这光景在日本是几乎没有的,所以刚来中国看到广场舞的时候我是非常惊讶的。不过让我感触最深的应该是相较于中国人而言,日本的中老年人并没有这么多的运动时间。”有些外籍人士提到,在他们国家,女性能参与的运动项目很少,他们觉得对女性来说,广场舞是一项非常好的运动形式,有些外籍人士则表示不仅自己参与过,还鼓励自己的母亲也参与到广场舞的运动中。来自毛里求斯的留学生阿妮莎(Anisha)说:“我妈妈非常喜欢广场舞。她来过中国四次,她总喜欢去五角场看别人跳广场舞,还总是希望我可以教她,因为回到家乡后,我们就不能跳广场舞了。”泰国人林伟大说:“很好玩,有时候我也想加入。大部分是老年人在跳。”来自英国的外教艾伦(Alan)认为:“他们跳广场舞是想保持健康,想与朋友社交。做些既能锻炼又不用花钱的运动,对于这些年纪大的女士来说是挺好的事。我认为你们该看到人们真正感兴趣的项目,这样你们才可以发展该体育,让人们更加积极地参与。这才是最重要的。”

5.3　上海全球著名体育城市形象建设中存在的问题

5.3.1　上海与世界知名体育城市的差距在于体育文化特色不明显

在本次调查中,很多外籍人士提到了对上海体育文化没有具体的概念。罗马尼亚网球教练劳尔(Raul)曾在西班牙工作 13 年,他认为:“对于上海的体育,我并没有太多的印象,也许这儿有几支不错的足球队,但在我们外国人眼里,我们只知道一些在上海举办的大型赛事,像 ATP 和钻石田联,但我们对上海体育真的没什么概念。你看,就算我们知道有一些出名的体育明星是上海的,但他们也不能反映出上海体育的发展状况。”

5.3.2　对具有城市形象代表的体育名人海外宣传不够

来自马达加斯加的足球教练法那特那科(Fanatenako)说:“我现在在中国,我知道姚明、刘翔。但是我来到上海之前只知道他们是中国人,来到上海后才知道他们是上海人。或许这就是上海需要提升的地方，因为上海正在创办体育名城，目前这样的宣传是远远不够的。”

5.3.3　市民体育知识要丰富，在体育场所须规范个人行为

美国人丹尼(Danny)是一个武术迷，也曾经是一名棒球运动员，他对在健身房中所见的一些不好的个人行为提出了意见：“有部分人在场馆内一边玩手机一边运动，这在美国并不常见。因为如果你玩手机，会有一些人来提醒你专注运动。”芬兰瑜伽教练因卡(Inka)提到：“有些市民去健身房就是为了说明他们去过健身房了，拍几张自拍照就完事了，甚至有人在健身房一边锻炼一边吃冰激凌。你会在健身房里看到一些现象，因为我每天都去健身房，就会看到有些人是真正享受运动的，然而有些人边看 iPad 边在跑步机上走，然后拍个照。有的来上瑜伽课，秀秀自己的衣服，然后拍个照。”

5.3.4　上海体育信息传播不太畅通

这是很多受访外籍人士提到的问题。美国外教布兰登(Brandon)认为，获取相关的体育信息是他最大的问题。他说：“我常常在网上查找信息，因为对我来说在这之外去获取信息并不是一直都十分容易的”。他希望“如果有些地方，类似于网站或其他什么，可以是中文的，也可以是英文的，能提供全面的实时更新的相关信息，会是非常不错的”。英国外教艾伦(Alan)也提到：“上海一些地方的器材和设施都很棒，但是找到可以运动的场馆对于外国人来说是非常困难的，如果你不住在社区的话，你就不知道该去哪里运动。我没什么机会去打羽毛球和网球，是因为对外国人来说找场馆是挺困难的事。”美国人丹尼(Danny)提到，外籍人士对本市公共体育信息了解不多，主要与上海市公共体育服务信息渠道不畅通有关，无论是赛事、场馆的使用，还是体育购物方面的公共信息，都缺乏多种语言的公开发布，这让许多外籍人士感到不便。他说：“如果我知道上海国际马拉松比赛，我今年会花些时间去参加，至少我会去看一次，但我不知道它。我只是等许多人参加完马拉松比赛后回家才知道的。所以我希望对于这些赛事有更多的广告宣传。作为一个外国人，我只能偶尔看见有关这些赛事的信息，或者是从朋友那儿听到一些消息。”

5.4　外籍人士对上海建设全球著名体育城市的建议

5.4.1　培养市民体育认知，提升市民体育素养

首先，培养市民的体育认知要从小抓起。英国学生戴维(David)认为："在体育重要性认知方面应提早教育。我的意思是那些机构，比如学校，可以在学生年纪很小的时候，教他们进行一些体育项目。习惯和能力是可以从小时候培养的。"美国外教布兰登(Brandon)认为："我认为把不同的设施安放在周围近点的地方会更好，这样孩子们可以有更多使用这些体育设施的机会，因为如果距离太远或需要等待很长时间的话，可能孩子们就不会想要去使用它们了。近距离安放设施，这样它们也能得到更多被使用的机会，孩子们也会更感兴趣，会主动去玩这些体育设施，主动进行运动。政府应该真正地把各项体育设施建立起来，如果这些设施是免费的或者使用费用比较低的，就更好了。这样的话，孩子们就会有更多的机会去使用设施，这也会使他们更加喜爱运动，让他们变得更健康。如果政府真的投入其中的话，为了让体育设施更多地为人们所用，也许需要更多的体育设施，费用更低，不那么拥挤，这也会更便于家长让他们的孩子去做这些运动。"

网球教练劳尔(Raul)说："第一，应该让更多的市民以一种比较轻松的方式加入体育运动中来。比如父母应该能在不被增加过多的经济负担的情况下，让孩子加入体育运动中来。目前上海市民的体育消费算是很高的，这直接将一群人排除在体育运动之外。一些大型体育赛事的门票也很贵，我有时候就宁愿在家看直播，也不愿去比赛现场看比赛的，因为票价太高了。第二，相较于中国，在西班牙有更多的人随时准备加入运动中来。其实中国与西班牙的体育差距并不在于基础设施的配置差异，而在于人们对体育概念的认知以及体育方面的知识掌握程度的差距。就拿网球来说吧，西班牙人往往对网球知识非常了解，而不是仅仅局限于知道一两个知名的网球运动员，从西班牙人身上你能获得很多关于网球方面的知识信息。从这方面来说，中国热爱体育的人应该多出去看看，看看外面体育的发展情况，因为各地的文化是不一样的，也许接触不同的文化更能受到启发，从而明白接下来该怎么做。"

其次，对于该如何去培养市民的体育认知，外籍人士也给出了不少建议。网球教练劳尔(Raul)的建议是："信息交流，或许你可以用这个词，比如增加体育交流生的数量，让他们出去学习别人的理念，交流生能学到更多的东西，提高

得也更快。事实上,我来到中国主要并不是为了工作,我更希望通过这种类似旅行的方式学到更多的东西、见到更多的人,而我选择这里是因为这里是一个值得分享信息的地方,我获得信息的方式就是旅游,接触不同的文化。我对中国很好奇。当我来到这儿,我发现这儿确实有很多值得我学习的地方。”西班牙足球教练何塞(Jose)也有同样的想法:“你还需要做的是去别的国家看看别的老师是怎么做的。然后你就会想到我可以把这些做法或理念带到我的国家。现在我运用我自己的方式去训练球员,所有的人在草地上笑着,享受着足球。”

然后,另一个培养市民体育认知的方法就是增加宣传,通过宣传吸引更多的市民参与赛事。美国人丹尼(Danny)建议:“应该举办更多的赛事,政府要加大宣传力度,鼓励更多的市民参与进来。在每周六,美国的大学会召集大量的人一起观看一场球赛。上海有专门的体育大学,也有很多体育赛事,但是很多人不知道这些比赛在哪里、在什么时间举行。我的意思是说,政府应该号召更多的人一起参与进来。”

最后,加强对体育明星的宣传。英国外教艾伦(Alan)认为:“我想如果你们能够在体育明星上投些钱,让他们真的非常出名,定义他们为城市的英雄,这样就能把民众的兴趣与体育和时尚相联系,让人们更想参与到这项体育运动中。这也有助于教育孩子们相信他们可以成为自己城市的英雄。”

5.4.2 建设具有上海特色的城市体育文化

英国外教艾伦(Alan)说:“上海需要有自己的显而易见的历史性、文化性的符号。上海要成为全球著名体育城市,首先需要创立自己的历史文化,然后上海才会成为一个有血有肉的现代化都市。”

网球教练劳尔(Raul)则认为:“上海很强大、很有能力,并且组织能力很强,上海有能力做任何想做的事,但如果上海想做一些特别的事,想建设体育名城,就必须有自己的特殊之处……当地政府和市民要挖掘其独特之处,这是一项重大的任务。”

5.4.3 建设“体育迪士尼乐园”和“体育街”

很多外籍人士觉得建设“体育迪士尼乐园”是个非常酷的主意,他们认为这对于吸引游客、培养孩子们对体育的兴趣很有用。

美国姑娘黛比(Debbi)说:“建造一个关于体育的迪士尼乐园,里面包含体育内容,体育娱乐、体育服装、体育知名人士蜡像馆。那太酷了!尤其是如果很多不同的知名体育人士作为代表，那里的环境很好的话，就可以吸引更多的人来到体育迪士尼乐园，认识更多的来自不同国家的运动员。我想那会很棒，有益于更多的人学习和享受其中的乐趣。”日本留学生可仪(Kie)说：“完全相信这是一个有趣的想法。因为我认为体育本来就包含着娱乐。主题公园可以作为吸引游客的工具。体育本来就是吸引人的。”美国武术留学生丹尼(Danny)认为：“建设体育迪士尼乐园有利于孩子培养对体育的兴趣，但是在美国，在孩子两岁或三岁之后，父母就会教孩子体育项目，比如给他一个球，让他找他的朋友们一起玩，但在中国，我很少看到过这样的情景。有些青少年并不是为了乐趣参与体育，他们的父母一直在他们的身后。我希望有更多的孩子是为了乐趣参与体育，而不是因为他们想成为专业运动员或是他们的父母希望如此。美国孩子在五六岁时，每天都会出去自由玩耍，锻炼身体。” 澳大利亚人帕特里克(Patrick)也表示：“我觉得这个想法还好，但还是要做好宣传，多吸引人去参与体育。其实这个对孩子们也有很大的影响，但主要问题还是要尽量吸引他们和父母一起去。”

也有个别外籍人士持不同意见。韩国留学生柳智允认为：“我觉得不需要。娱乐公园就是娱乐公园，体育公园就是体育公园，不应该将两者混淆起来。而且我觉得这样并不好玩，没有意思。当你想运动的时候你可以去体育馆，为什么要去这种公园呢？去这种娱乐公园就应该是玩，在那儿做运动并不是那么有趣。”另一位韩国留学生李亨基也表达了类似的意见：“我也觉得没有这个必要。如果中国政府真的想把上海建造成一个知名的国际体育大都市，与其建设这种地标性的场所，不如去做一些为人民服务的事情，多建设一些普通老百姓可以去体验的场所。因为上海除了本地人外，也有很多外地人。那些来上海工作的外地人，他们的生活条件可能比不上当地人，所以也没有太多的钱花在这些体育娱乐的地方。”

建设一条“体育街”，里面有专门的体育办公大楼和体育用品商店等，以此来吸引国际体育机构、组织和公司入驻上海，对此外籍人士的意见不太统一。有些外籍人士非常赞同，日本留学生可仪(Kie)认为，“这是上海必须做的一件事。上海已经是一个国际大都市，国外的人很容易到这儿来。如果上海有这些机构或是组织，这是一件好事”。芬兰瑜伽教练因卡(Inka)也觉得这是一个好主意：“我认为，在某种程度上来说‘体育街’是一个很不错的主意。在那里人们能够介绍某些东西，比如耐克的鞋子，你可以在跑步机上多测试一番，然后看看鞋子合不合你的脚。所以，我认为，如果有公司的品牌在体育街入驻，那么他们就能够帮助消费者了解体育。”韩国留学生李亨基认为：“我觉得建设一条‘体育街’是比较好的，比建立一个地标性的综合体育场所要好，会更实用。”

但韩国留学生柳智允认为,这样做没有必要,因为上海已经有很多卖体育用品的店或者商场了,不需要再建这样的街区了。澳大利亚人帕特里克(Patrick)也表示:“这样做没有必要吧。因为其实有一些像迪卡侬这样的店,还是很方便的,而且在网上也可以买到。”

5.4.4　设施管理

日本留学生可仪(Kie)认为,为了建设全球著名体育城市,首先设施和管理应该得到改善。她认为上海已经有许多设施了。新的设施很好,但是旧的设施也应该多被使用。不是每个人都有机会使用健身器材,这不是很好。在不久的将来,应该好好改善设施的管理。

5.4.5　举办奥运会

大多数外籍人士认为,举办奥运会是在建设全球著名体育城市中应该做的,而且上海也是有能力做的,上海建设全球著名体育城市最为重要的是通过这种大型体育赛事宣传城市。越南人范玉灯就是这样认为的:“从一个外国人的角度来说,上海确实是一个国际大都市,交通方面,地铁公交很方便。人民的素质很高,适合举办国际性运动会。北京的鸟巢、水立方是专门的运动村,上海应该建新的奥林匹克公园或运动村,吸引更多游客。在建设国际性体育都市的道路上,多申办更好。在国际上提高自己的声誉,让更多人了解上海。”英国学生戴维(David)说:“在上海有很多外国人,他们对奥林匹克也很感兴趣。上海有很多酒店、大型比赛场馆和足够的经费,我认为上海可以做得像北京一样好。”罗马尼亚网球教练劳尔(Raul)说:“上海是一座很大的城市,有先进的场馆与设施,经济能力也很强,一些经济实力比上海弱的城市都已经举办了这些综合性运动会了,上海绝对不比它们差,并且上海绝对有能力举办奥运会。”英国外教艾伦(Alan)认为:“上海每年都有很多体育赛事,像网球大师赛,甚至足球方面也做得不错,上海来举办奥运会将会非常成功。”

也有外籍人士认为比赛还可以提升体育环境和市民的参与度。越南的武先生认为:“上海市政府要有计划地申办各类国际比赛,例如奥运会、亚运会等。通过这些赛事,会有很多新的体育场、体育馆建成,后续可供市民锻炼身体。”

还有部分外籍人士认为申办奥运会也要为奥运会后对奥运遗产的利用做好准备。美国人丹尼(Danny)认为:“我知道广州和北京举办过类似的比赛。上海和这些比赛地相比更现代化,人们的思想也更前卫,我认为上海能做得很好。但是这些城市存在一些问题。它们有很大的场馆，但没有很好地使用它们，游泳池也是这样。比如，在亚运会之后，有许多建筑没有被重复利用。举办奥运会很好，但如果能准备好在比赛之后该如何利用奥运遗产，那就更完美了。”

5.4.6　改善公共户外运动环境

首先，空气质量要改善，芬兰瑜伽教练因卡（Inka）认为，她虽然很喜欢跑步，可是她不会参加上海马拉松赛，因为空气质量确实是一个问题。日本留学生可仪（Kie）也说：“如果空气质量不好，我会选择待在室内。如果空气质量好，会有更多人选择去户外锻炼的。”美国人丹尼（Danny）也提到空气质量是他考量是否选择户外运动的重要因素之一。

其次，要建设健身步道和自行车道。韩国人柳智允最喜欢的运动是骑自行车，他对于目前用于健身的自行车道有些意见：“我觉得真的很糟糕。第一，真的太危险了。马路上有很多的车，而且很多都不注意交通规则。第二，有些路面并不平整，坑坑洼洼的。”美国姑娘黛比（Debbi）说：“对于跑步者来说，会因为环境适宜而更加放松。有时候当我在跑步时，会因为有很多的汽车和摩托车而感到十分困难。”美国人丹尼（Danny）也认为：“这里的交通非常拥挤，有的司机看到你的时候并不会减速。我试过几次晨跑，但我发现那样太危险了。上海有必要多建设一些健身步道，以满足百姓的健身需求。无论是健身还是运动，都需要一个轻松愉快的环境，这样人们才可以去享受这个过程。”

5.4.7　打造具有世界影响力的职业体育俱乐部

与国际上其他体育城市相比，上海缺乏具有国际影响力的运动队伍或者职业俱乐部。说到职业俱乐部对城市的影响，日本留学生可仪（Kie）认为：“职业俱乐部会吸引人们参加体育活动。在日本，足球俱乐部会推广足球项目来增进城市与城市之间的关系。这是它们的目标和责任。”

越南人武春水说：“职业俱乐部对城市有一些影响，包括提高体育职业的素养，在比赛的时候能取得好成绩，可以鼓励群众锻炼身体，让政府和投资家继续投资，提高城市体育的地位。我只知道上海申花俱乐部，还没看过它的比赛。上海的职业俱乐部对上海体育名城的建设影响很大。”

来自澳大利亚的模特帕特里克（Patrick）认为：“我觉得俱乐部可以影响到别人对运动的想法，特别是孩子，如果他们在俱乐部里有一个偶像，就会对这项运动比较感兴趣,而且他们小时候还会说着这个人的名字,说我未来要像他一样。”

英国外教艾伦(Alan)认为:“这些俱乐部对帮助民众培养兴趣是非常重要的。”

日本留学生菊地贵志说:“上海的职业足球队好像是有三支队伍:申花、东亚、申鑫。此外,上海还有冰球队,每年来自俄罗斯、日本、韩国的球队都会来上海进行比赛。即使我现在还没有观看过类似的体育比赛,但有机会我一定会去的。职业体育俱乐部可以提升一个城市的体育水平,而且对于很多孩子而言,成为一名职业体育运动员是他们一直以来的梦想,所以积极发展职业体育俱乐部可以提升整个国家的体育水平。”

5.5 上海建设全球著名体育城市的战略举措

5.5.1 继续发扬上海体育传统文化,融合世界体育文化,打造特色海派体育文化

根据对在沪外籍人士的调查和访谈中他们对于上海在建设全球著名体育城市的看法和建议,上海应站在建设全球著名体育城市的高度,除了做好硬件建设,继续发扬海派体育传统外,还要吸收国际先进的体育文化,基于国际知名体育城市的要求,努力打造全球著名体育城市的体育文化特性,同时彰显中国特色、海派特色,建设具有中国特色的海派全球著名体育城市。

5.5.2 通过加强城市对内对外体育宣传,提升市民体育素养,打造与上海全球著名体育城市相匹配的市民体育文化形象

对内,市民体育素养是体育城市文化的体现,也是城市体育精神最直接、最真实的反映。培养体育文化自觉不仅是对文化客体存在形式的自觉,更是人作为文化主体对于自身的自觉。上海建设全球著名体育城市需要上海市民拥有相适应的体育文化自觉。上海市民体育文化形象需要与上海全球著名体育城市相匹配,具有丰富的体育赛事知识,要能看得起,看得懂,并且具备适当的体育礼仪,展现出良好的体育素养。政府需要加强体育宣传,培养市民体育意识,从小抓起,注重学校体育教育,让孩子们从小就可以接触到正规的体育教育,这样可以奠定体育可持续发展的基础,从而全面提高市民体育素养。

对外，城市竞技体育可以提高其可持续发展能力，打造具有国际影响力的职业俱乐部，吸引、聚集世界优秀运动员，并能够对世界各国产生辐射和影响，同时也可以对上海的青少年起到引领作用。

5.5.3　努力打造良好的体育环境，创造体育参与机会

首先，要让上海成为全球著名体育城市，在体育信息宣传方面，语言服务要先行。外籍人士对本市公共体育信息的了解不多，主要与公共体育服务信息渠道不畅通有关，无论是赛事、场馆的使用，还是体育购物方面的公共信息，都很少以多种语言发布，这让许多外籍人士感到不便。建议将公共体育服务信息与城市的公共服务信息结合起来，采用多语言、多渠道的形式为国际人士提供服务。

其次，自行车道、休闲步道等需要改进，空气质量也需要改善。让更多的人可以在舒适的环境里锻炼。

最后，建设体育城市，还应注重从小培养体育运动习惯，在公共体育设施中增加儿童体育运动的场所或者建设体育迪士尼乐园，也是一个好办法。在行政管理方面，简化行政手续，例如建设体育一条街，方便国际公司办理行政事务。

第六章　体育国际赛事品牌引进与上海城市品牌匹配度研究

城市品牌的建立是需要依托城市营销手段来实现的。城市营销是由于现代城市之间为了争夺稀缺的发展资源而进行激烈之争出现的。城市品牌是指“以城市在区域中的合理定位为前提，运用一系列市场营销的意识、机制和手段，对城市中的各种资源进行挖掘与整合；在充分发挥城市整体功能的基础上，通过城市知名度、美誉度的提升，以及城市有形资产和无形资产的增值满足目标市场（投资者、游客和居民等）的需求，从而不断提升城市竞争力的一种社会管理活动或过程的总称”（刘东锋，2008：38－41）。美国著名营销专家科特勒(Kotler)指出，每个城市都需要通过城市营销的手段使地区形成独特的风格或理念。相较传统文化，体育可以在短时间内起到改变城市形象的作用，体育赛事的影响尤为突出。

近年来，我国城市居民对于观看体育赛事的需求逐渐增加，尤其是 2008 年奥运会的举办、2022 年冬奥会的举办。许多城市开始举办或承办大型的体育赛事，这对于提升城市的品牌形象、拉动城市经济发展、推动城市可持续发展都起着重要的作用。

从 20 世纪 90 年代起，随着经济社会的全面发展，上海开始举办大型体育赛事。1993 年举办了第一届东亚运动会，1997 年举办了第八届全国运动会，2002 年举办了世界最高等级网球赛事——网球大师杯赛，并进一步获得了 2005 年至 2007 年的举办权，以及现在的大师系列赛；从 2004 年起连续多年举办 F1 赛车中国站比赛；2005 年举办了第 48 届世界乒乓球锦标赛。直到现在，上海常年举办约 170 项国内外重大体育赛事。根据 2020 年上海市体育赛事影响力评估报告显示，上海体育赛事在疫情防控期间全年依然举办了 40 余项国际国内重要体育赛事。其中 41 项赛事共产生 25.6 万篇次媒体报道。境外媒体对上海体育赛事的关注度也创历史新高。光是上海马拉松一项赛事就为上海带来 4 943 万元的直接经济效益，而对其他相关产业拉动效应也达到 1.4 亿元。由此可见，举办体育赛事为城市带来了巨大的经济效益。但举办体育赛事对城市也不总是产生积极影响，还会有一些负面影响，例如，对城市旅游、城市文化和城市环境等方面的负面影响。因此，专家们指出：上海要成为“体育中心城市”，应将战略定位于举办世界最高级的大型体育赛事，进行战略思考，应当确定大型体育赛事的选择原则。由于上海的文化和经济背景具有自身的特殊性，因此并非所有的世界级大型体育赛事都适合上海，上海必须坚持“有所为，有所不为”的原则，从实际出发，对赛事做出明智的选择。接下来将从城市品牌个性特征和体育赛事品牌个性特征出发，分析2008年至2019年上海重复举办的19项大型体育赛事与上海城市品牌匹配性，并在赛事选择原则上提出具有可操作性的建议。

6.1　城市品牌个性特征和体育赛事品牌个性特征研究综述

6.1.1　城市品牌个性特征

为了更好地吸引旅游者和投资者，城市品牌形象的建立也逐渐成为各大城市推广的重要部分。城市品牌的概念是由凯勒(Keller)提出的，他(1993)提出地理位置或者某一空间区域像产品和服务一样，也可以成为品牌。而首次将城市品牌个性研究与品牌个性理论结合起来的是埃克尼奇(Ekinci)和霍桑纳(Hosany)。他们(2006)从游客的角度，认为城市品牌个性概念可定义为“游客所认同的与目的地相关联的一组个性特征”。也有研究者从自我感知角度提出了目的地品牌个性，或者称为投射品牌个性，是地方为了实现与游客的沟通互动，主动将自己与一组类似人的性格特征相关联(Kim, Lehto, 2013: 117-130)。例如：桑托斯(Santos)在对旅游城市的广告宣传研究后得出：布拉格的个性特征是现代、时尚、复杂和传统并存。摩根(Morgan)和普里查德(Pritchard)认为，英格兰是“保守的、让人愉悦的、文明的”。韩德森认为新加坡具有六个城市特点：年轻、大都会、充满活力、现代、现实、舒适。在这里，我们主要依据投射品牌个性定义来进行分析研究。

6.1.2　体育赛事品牌个性特征

研究者发现，人们常常会用人类的个性特征来定义各种各样的产品和服务品牌。米纳甘研究小组的调查研究发现，不同的活动也拥有不同的个性特征。例如：古典音乐会应该是复杂的、精英的、有偏见的、严肃的，而大众艺术是年轻的、可接触的、友好的、现代的、有创新的、商业化的。因此，用人类的个性特征去定义体育赛事品牌是可行的。不过与其他类型产品的个性特征不同的地方是，其他产品的特点与公司CEO、雇员、公司名称、公司商标、公司代言人等相关，而体育赛事品牌个性特征与运动员和他们在赛场上的表现相关。体育赛事品牌个性特征也与人们对体育赛事的态度相关，因此城市举办赛事是否能提升自身的形象主要与消费者对于这些赛事的态度相关。

6.1.3 城市与体育赛事的关系

20世纪90年代,一些国外学者开始研究体育赛事与城市营销的关系。霍尔(Hall)认为,举办大型体育赛事能提升城市的旅游吸引力,会带来国际社会关注力(Hall,1991:822)。里奥·艾瑞克·亚历山大(Leo Eric Alexander)(2006)在分析了欧洲五座城市的体育赛事后,得出体育赛事有利于城市营销的五个方面:(1)体育赛事使城市更具吸引力和竞争力;(2)体育赛事是向潜在顾客展现城市魅力的工作;(3)体育产品是城市全部产品的组成部分;(4)城市的营销可以使不同体育产品的目标群体更加体育化;(5)城市的体育产品能够造就一座城市的形象和地位。

美国的印第安纳波利斯就是一个极好的例证。原来它是一座死气沉沉、缺乏生机、让人心烦的城市,甚至有人称它是一座“坟墓”,由于成功地引入泛美运动会、世界体操锦标赛、世界篮球锦标赛等赛事,人们改变了对它的印象,称它是一座超级体育城市。

6.1.4 城市品牌个性特征与体育赛事个性特征的匹配性

匹配性是要研究城市品牌个性特征和体育赛事个性特征之间直接和间接的关系。匹配度理论认为,消费者只有在信息与他们预先设想一致的情况下才会记得最清楚。也就是说,当两种产品相匹配、相似度一致时,人们对于这两种产品才记得最久、最牢。因此,当城市品牌形象、功能与体育赛事品牌相似时,匹配效果才会产生,消费者才会把体育赛事的形象转嫁到城市品牌形象上。只有这样,体育赛事才能对城市形象产生重大的影响。

尽管体育赛事对于城市营销具有重要的作用,但是并非只要是体育赛事就能与城市营销相匹配,印第安纳波利斯起初就是先有意识地组织、培养小型的地方性赛事,逐渐培养城市居民的体育热情,形成良好的体育氛围,才有可能引入中型的乃至大型的赛事。总的来说,只有体育赛事与城市营销相匹配,才能更好地发挥两者的协同效应。上海要想选择与城市营销相匹配的体育赛事,就必须建立一个切实可行的评估模型,然而国内外有关这方面的研究大多偏向于综述及描述性研究,而实证性的研究比较少,尤其针对上海的几乎没有。但随着国内外城市营销中体育赛事权重不断加大,城市营销与体育赛事的匹配度研究成为国内外在此领域的一个发展趋势,因此本书的分析从理论到实践都是非常有意义的。

6.2　国际赛事品牌和上海城市品牌的匹配度研究思路

本章的研究旨在对上海市的品牌形象和2008—2019年上海重复举办的19项主要国际赛事特征匹配性进行分析，以期为上海通过举办大型国际体育赛事促进上海城市营销献计献策。具体研究思路如下：首先对品牌个性特征理论和研究方法进行深入分析，然后调查消费者对上海城市品牌个性特征和19项体育赛事个性特征的认知，再结合问卷调查消费者对这两项的态度，了解人们对于上海举办这些赛事对上海具体影响的认知，基于此对上海后续的城市营销提出可行性建议，如图6.1所示。

图6.1　上海城市品牌特征与国际大型体育赛事品牌特征的匹配度研究思路

我们提出以下四点调查假设：

假设一：对于上海举办赛事的态度与上海和体育赛事的匹配度正相关。

假设二：对于上海举办赛事的态度与之前对上海的态度正相关。

假设三：对于上海举办赛事的态度与之前对体育赛事的态度正相关。

假设四：对于上海举办赛事的态度会影响上海的城市形象。

研究方法：本书采用定量和定性的研究方法，分别对上海城市品牌特征和2008—2019年上海重复举办的19项大型国际赛事的个性特征进行分析，并对消费者的态度进行方差检验以及相关性检验。在数据分析的基础上通过构建路径模型，发现诸多因素之间的联系以及影响程度，揭示影响上海选择能提升其城市形象的体育赛事的关键因素。

6.3　国际赛事品牌和上海城市品牌的匹配度研究方法

6.3.1　研究对象

本研究主要是探索城市选择体育国际赛事的原则和路径，为更全面的研究做准备，因此在研究对象的选择上，考虑到赛事的消费主体主要以青年人为主，且对于赛事也要有一定的了解。因此，我们选择了上海体育大学在校大学生作为研究对象,他们的平均年龄为 21.2 岁。

6.3.2 问卷调查

个性特征问卷的设计主要以阿克(Aaker)品牌特性调查表为基础。阿克(Aaker)制订的品牌特性调查表,首先是从心理学和市场学中借用了 337 项特征,后又增加了 295 项人类个性特征,后通过研究减少到 42 项可操作的特征,并将它们分为五类特征:真诚的、令人激动的、竞争的、复杂的、粗俗的。

根据以上研究内容,本次的调查问卷主要包括三个方面。

一是目标城市特性,调查问卷使用阿克(Aaker)品牌特性调查表来进行调查。共回收了 84 份有效问卷,其中 46%是男生,54%是女生。对所有指标评价均采用李克特 5 等级量表形式,其中 1 分代表非常不满意,2 分代表不满意,3 分代表一般,4 分代表满意,5 分代表非常满意。

二是体育赛事特性,仍使用阿克(Aaker)品牌特性调查表来进行调查。共回收了 252 份有效问卷,其中 42%是男生,58%是女生。由于担心不断重复问题带来的疲劳会影响结果,因此将参与者随机地分为 4 个小组,每个小组只针对 4 到 5 项体育赛事回答问题。

三是调查现有的或潜在的消费者对于体育赛事和城市品牌的态度。这个部分共分为以下五个方面:

A. 调查者对于体育赛事以前的态度。用了两个由弱/坏到强/多共 7 等级量表形式,例如:我对于____________以前的态度是,1=坏,7=很好;1=不喜欢,7=非常喜欢。

B. 调查者对于上海以前的态度。用了两个由弱/坏到强/多共 7 等级量表形式,例如:我对于____________以前的态度是,1=坏,7=很好;1=不喜欢,7=非常喜欢。

C. 调查者对于上海品牌特点与体育赛事品牌特点之间匹配性的看法,即这项体育赛事和上海有相似的特性特征。也是用了 7 等级量表形式,1=非常不同意,7=非常同意。

D. 调查者对于上海举办这项赛事的态度,通过 4 项 7 等级量表形式完成:负面/正面;不喜欢/喜欢;坏/好;不喜欢/喜欢。

E. 调查者对于赛事提升了上海城市形象的看法。通过一项 7 等级量表形式完成:1=非常不同意,7=非常同意。

此外,在正式调查之前进行了预调查,对问卷中表意不清的地方做了修改,以保证问卷表达明确清晰。

6.3.3　数据检验

上海城市特点调查发放问卷 110 份，有效样本为 84 个，有效率为 76.3%；体育赛事特点调查发放问卷 300 份，有效样本为 252 个，有效率为 84%；消费者对于体育赛事和城市品牌的态度调查发放问卷 200 份，有效样本为 187 个，有效率为 93.5%。对于消费者态度的问卷部分进行了可靠性分析。

由于这个部分的调查是对公众的主观态度和观点的调查，因此采用了最常用的李克特量表进行测量。研究者通过对数据的信度评价来检验所测数据的可靠性。信度是指测量结果的可靠程度，就是被调查者的真实分值占测量的态度分值的比例。该比例越高，说明测量的信度越高，反之则越低。

计算的方法采用克朗巴哈 α 信度系数法。克朗巴哈 α 信度系数可以解释用量表测试某一等级所得分数的变异中，有多大比例是真分数所决定的，从而反映出测试的可靠程度。由于克朗巴哈 α 信度系数的数值大小与项数 k 有关，当 k 较大时，克朗巴哈 α 信度系数也会较高，因此当研究的项数较大时，往往还要结合其他方法进行分析，如折半系数。折半系数是将量表一分为二后分别计算两部分的克朗巴哈 α 信度系数，进而对两部分量表的信度进行比较。使用 SPSS 13.0 对数据进行计算，结果如表 6.1 所示：

表 6.1　克朗巴哈 α 信度系数和折半系数计算表

项目	克朗巴哈 α 信度系数	折半系数	
		第一部分	第二部分
对于上海之前的态度	α=0.93	1.00	0.87
对于赛事之前的态度	α=0.95	0.95	0.95
对于上海举办赛事的态度	α=0.99	0.98	0.98

从表 6.1 可知，各方面的克朗巴哈 α 信度系数都比较高，趋近于 1。此外，从折半系数来看，第一部分和第二部分的系数均在 0.95 附近，说明主观部分调查的信度水平比较好。

6.4　国际赛事品牌和上海城市品牌的匹配度数据分析

6.4.1　上海城市品牌个性特征

阿克(Aaker)品牌特性调查表调查结果如下：从表 6.2 的数据来看，上海主要属于“令人激动的、兴奋的”类型的城市($M=3.48$,$SD=1.12$),是勇敢的、新潮的、令人激动的、精神饱满的、很酷的、年轻的、富有想象的、独特的、现代化的、独立的、当代的。由于竞争型和复杂型的均值也比较高,上海也同时具有竞争型和复杂型的特点。

表 6.2 上海城市品牌个性特征

个性形容词	平均值	方差	个性分类	个性分类名称	平均值	方差
1. 脚踏实地的	3.29	1.17	1(a)	真诚的	3.23	1.2
2. 以家庭为中心的	3.31	1.23	1(a)			
3. 土里土气的	2.34	1.34	1(a)			
4. 诚实的	3.3	1.17	1(a)			
5. 真诚的	3.28	1.2	1(a)			
6. 真实的	3.39	1.2	1(a)			
7. 健康的	3.3	1.01	1(a)			
8. 独创的	3.58	1.07	1(a)			
9. 快乐的	3.2	1.06	1(a)			
10. 感性的	3.16	1.11	1(a)			
11. 友好的	3.32	1.17	1(a)			
12. 勇敢的	3.42	1.03	2(b)	令人激动的	3.48	1.12
13. 新潮的	3.59	1.14	2(b)			
14. 令人激动的	3.48	1.05	2(b)			
15. 精神饱满的	3.51	1.09	2(b)			
16. 很酷的	3.34	1.11	2(b)			
17. 年轻的	3.52	1.2	2(b)			
18. 富有想象力的	3.43	1.09	2(b)			
19. 独特的	3.57	1.1	2(b)			
20. 现代化的	3.46	1.19	2(b)			
21. 独立的	3.25	1.18	2(b)			
22. 当代的	3.67	1.05	2(b)			
23. 可信赖的	3.31	1.13	3©	竞争的	3.44	1.14
24. 勤奋的	3.31	1.12	3©			
25. 可靠的	3.14	1.2	3©			
26. 智能的,聪明的	3.73	1	3©			

续表

个性形容词	平均值	方差	个性分类	个性分类名称	平均值	方差
27. 技术的	3.62	1.07	3©			
28. 合作的	3.5	1.04	3©			
29. 成功的	3.48	1.17	3©			
30. 领导的	3.52	1.09	3©			
31. 自信的	3.35	1.27	3©			
32. 上流的	3.28	1.08	4(d)	复杂的	3.36	1.15
33. 迷人的	3.45	1.04	4(d)			
34. 好看的	3.52	1.11	4(d)			
35. 可爱的	3.36	1.25	4(d)			
36. 女性化的	3.39	1.11	4(d)			
37. 安详的	3.15	1.24	4(d)			
38. 户外的	3.2	1.22	5(e)	粗俗的	3.1	1.26
39. 男性化的	3.19	1.27	5(e)			
40. 西方化的	2.77	1.38	5(e)			
41. 粗犷的	3.09	1.21	5(e)			
42. 粗糙的	3.21	1.15	5(e)			

6.4.2　国际体育赛事品牌个性特征

我们从 2008—2019 年上海重复举办的国际体育赛事中选择了 19 项赛事，根据赛事特点，对赛事类型的名称有所修改，“真诚的”改为严肃，“令人兴奋的”改为兴奋。个性特征如表 6.3 所示。

表 6.3　2008—2019 上海重复举办的国际体育赛事品牌个性特征

特征	赛事
竞争	世界女子健美健身系列锦标赛 国际剑联男女花剑世界杯赛 A1 大奖赛 世界斯诺克上海大师赛
兴奋	亚洲冰球联赛 摩托 GP 中国大奖赛 世界沙滩排球巡回赛

续表

特征	赛事
粗犷	国际极限挑战赛 上海国际马拉松赛 上海国际田径黄金大奖赛 亚洲 x 极限运动锦标赛
严肃	中国国际摩托艇明星对抗赛 环崇明岛女子国际公路自行车赛 中国羽毛球公开赛
复杂	F1 中国大奖赛 汇丰高尔夫球冠军赛 世界龙狮锦标赛 世界自由式轮滑锦标赛 网球 ATP 大师系列赛

从赛事特性来看,上海举办的赛事类型丰富,五种类型的赛事都有。

6.4.3 城市品牌与国际体育赛事品牌特点匹配性研究

(1) 调查者对于上海品牌特性与国际体育赛事品牌特性的相似度的认知数据显示,五种类型的赛事中与上海品牌特性的匹配度由高往低的顺序是:复杂型>竞争型>严肃型>粗犷型>兴奋型。但五类赛事之间的差异不具有显著性,也就是说类型与相似度关系不大。关于五类赛事内部的差异,只有前两类赛事具有显著性差异,也就是赛事相似度差异显著。

在竞争型的赛事中,世界斯诺克上海大师赛均值最高($M=5.46$),和上海个性特征最相似;世界女子健美健身系列锦标赛均值最低($M=4.29$),和上海个性特征最不相似($p<0.05$),差异具有显著性。

在复杂型的赛事中,网球 ATP 大师系列赛均值最高($M=5.28$),与上海个性特征最相似;世界龙狮锦标赛均值最低($M=3.88$),与上海个性特征最不相符($p<0.05$),具有显著性差异。

19 项赛事之间的相似度差异显著($p=0.00$,$p<0.05$),相似度最高的前五项赛事是:世界斯诺克上海大师赛($M=5.46$)>网球 ATP 大师系列赛($M=5.28$)>中国羽毛球公开赛($M=4.98$)>上海国际田径黄金大奖赛($M=4.79$)>国际剑联男女花剑世界杯赛($M=4.77$)。相似度最低的赛事是世界龙狮锦标赛($M=3.88$)。

总之,复杂型和竞争型赛事与上海品牌特性非常相似、非常相符。但对这两类赛事的选择要慎重,调查者并不认为两类中的所有赛事都与上海特性非常相符,部分赛事差异具有显著性。与上海品牌个性特征相似的兴奋型赛事,调查者认为相似度很低,具体见表 6.4 和表 6.5。

表 6.4　上海品牌特性与国际体育赛事品牌特性相似度

特征	赛事	平均值	方差
竞争	世界女子健美健身系列锦标赛	4.29	1.55
	国际剑联男女花剑世界杯赛	4.77	1.41
	A1 大奖赛	4.47	1.39
	世界斯诺克上海大师赛	5.46	1.40
兴奋	亚洲冰球联赛	4.51	1.50
	摩托 GP 中国大奖赛	4.54	1.53
	世界沙滩排球巡回赛	4.70	1.43
粗犷	国际极限挑战赛	4.42	1.41
	上海国际马拉松赛	4.10	1.32
	上海国际田径黄金大奖赛	4.79	1.35
	亚洲 x 极限运动锦标赛	4.57	1.17
严肃	中国国际摩托艇明星对抗赛	4.59	1.32
	环崇明岛女子国际公路自行车赛	4.50	1.47
	中国羽毛球公开赛	4.98	1.42
复杂	F1 中国大奖赛	4.70	1.24
	汇丰高尔夫球冠军赛	4.53	1.33
	世界龙狮锦标赛	3.88	1.60
	世界自由式轮滑锦标赛	4.66	1.39
	网球 ATP 大师系列赛	5.28	1.05

表 6.5　上海个性特征和赛事个性特征相似性方差分析

特征	平方和	自由度	均方	F 值	P 值
严肃型					
组间	7.315	2	3.658	1.832	0.164
组内	303.433	152	1.996		
总误差	310.748	154			

续表

特征	平方和	自由度	均方	F值	P值
兴奋型					
组间	1.229	2	0.615	0.279	0.757
组内	363.604	165	2.204		
总误差	364.833	167			
竞争型					
组间	34.049	3	11.350	5.516	0.001
组内	397.149	193	2.058		
总误差	431.198	196			
粗犷型					
组间	8.398	3	2.799	1.636	0.184
组内	239.595	140	1.711		
总误差	247.993	143			
复杂型					
组间	43.852	4	10.963	5.804	0.000
组内	370.247	196	1.889		
总误差	414.100	200			

(2) 评估调查者对于上海举办国际体育赛事的态度

用方差分析,自变量是国际体育赛事,因变量是调查者对赛事举办的态度。态度的调查是调查对于城市举办体育赛事是否赞同。

表 6.6 是第二个问题的方差分析的数据。根据表中数据,除了复杂型赛事($p<0.05$)外,调查者对于上海举办体育赛事的态度并没有因为赛事类型不同而有差异,也就是说体育赛事类型不影响调查者的态度。不过,通过均值还是可以看到调查者对于上海举办体育赛事的态度有所不同,可以作为一个参考。赛事类型中,最赞同举办的赛事是复杂型赛事($F=5.09$),其次是严肃型赛事($F=2.91$),然后是竞争型赛事($F=1.74$)和兴奋型赛事($F=0.768$),最后是粗犷型赛事($F=0.569$),但不具有显著性($p>0.05$)。也就是赛事类型与态度没有关系。

根据表 6.7,各组类型中,只有复杂型赛事之间具有显著性差异。赞同举办的赛事与上海的相似度都比较高,最赞同举办的赛事是与上海特性最相似的赛事网球 ATP 大师系列赛,均值最高($M=5.38$),F1 中国大奖赛紧跟其后,均值第二($M=5.17$),排在最后的是世界龙狮锦标赛,均值最低($M=4.14$),差异具有显著性($p<0.05$)。

表 6.6　对于上海举办国际体育赛事态度的方差分析

特征	平方和	自由度	均方	*F* 值	*p* 值
严肃型					
组间	15.662	2	7.831	2.911	0.057
组内	408.880	152	2.690		
总误差	424.542	154			
兴奋型					
组间	3.278	2	1.639	0.768	0.466
组内	352.127	165	2.134		
总误差	355.405	167			
竞争型					
组间	14.160	3	4.720	1.744	0.159
组内	522.287	193	2.706		
总误差	536.447	196			
粗犷型					
组间	6.331	3	2.110	0.596	0.619
组内	495.662	140	3.540		
总误差	501.993	143			
复杂型					
组间	44.468	4	11.117	5.090	0.001
组内	428.079	196	2.184		
总误差	472.547	200			

表 6.7　对于上海举办国际体育赛事的态度

特征	赛事	平均值	方差
竞争	世界女子健美健身系列锦标赛	4.2439	1.74
	国际剑联男女花剑世界杯赛	4.7018	1.43
	A1 大奖赛	4.9483	1.32
	世界斯诺克上海大师赛	4.4146	2.17
兴奋	亚洲冰球联赛	4.7636	1.54
	摩托 GP 中国大奖赛	4.6071	1.38
	世界沙滩排球巡回赛	4.9474	1.46
粗犷	国际极限挑战赛	4.6452	1.56
	上海国际马拉松赛	4.6207	1.59
	上海国际田径黄金大奖赛	4.1667	2.21
	亚洲 x 极限运动锦标赛	4.6190	1.92

续表

特征	赛事	平均值	方差
严肃	中国国际摩托艇明星对抗赛	4.1220	1.72
	环崇明岛女子国际公路自行车赛	4.6724	1.53
	中国羽毛球公开赛	4.9286	1.69
复杂	F1 中国大奖赛	5.1667	1.78
	汇丰高尔夫球冠军赛	4.4333	1.17
	世界龙狮锦标赛	4.1429	1.47
	世界自由式轮滑锦标赛	4.3585	1.47
	网球 ATP 大师系列赛	5.3750	1.45

对 19 项赛事进行方差检验,具有显著性差异($p=0.012, p<0.05$)。最赞同举办的赛事中,排列前五名的从高到低是:网球 ATP 大师系列赛($M=5.38$)>F1 中国大奖赛($M=5.17$)>A1 大奖赛($M=4.948$)>世界沙滩排球巡回赛($M=4.947$)>中国羽毛球公开赛($M=4.93$)。最不赞同举办的是中国国际摩托艇明星对抗赛($M=4.12$)和世界龙狮锦标赛($M=4.14$)。在五项最赞同举办的赛事中,两项个性特征与上海最相似,其他三项比较相似。最不赞同的两项赛事中有一项是个性特征最不相似的赛事。

总之,从数据分析来看,对于举办与上海特性比较相似的赛事,调查者的赞同度最高,举办与上海特性不相似的赛事,调查者的赞同度比较低。

(3) 评估赛事是否提升上海的城市形象

从表 6.8 的数据来看,调查者认为五类赛事能够提升上海城市形象,顺序从高到低是:复杂型>粗犷型>严肃型>竞争型>兴奋型。不过差异不具有显著性($p>0.05$)。五类赛事内部差异具有显著性的是复杂型和粗犷型($p<0.05$)。

在复杂型赛事中,调查者认为举办与上海特性最相似的赛事——网球 ATP 大师系列赛最能提升上海城市形象($M=5.50$),其次是 F1 中国大奖赛($M=5.33$)。汇丰高尔夫球冠军赛均值最低($M=3.73$),最不能提升上海城市形象。尽管这项赛事不是与上海特性最不相似的,不过也是特性不太相似的赛事。

在粗犷型赛事中,与上海特性最相似的赛事——上海国际田径黄金大奖赛均值最高($M=5.81$),最能提升上海城市形象;其次是与上海特性比较相似的赛事亚洲 x 极限运动锦标赛($M=5.12$),也能提升上海城市形象。与上海特性最不相似的赛事是国际极限挑战赛($M=4.55$),均值最低,调查者认为该赛事最不能提升上海城市形象。

表 6.8　对于国际体育赛事提升上海城市形象的态度

特征	赛事	平均值	方差
竞争	世界女子健美健身系列锦标赛	4.5854	1.67296
	国际剑联男女花剑世界杯赛	4.8596	1.49330
	A1 大奖赛	5.0345	1.41379
	世界斯诺克上海大师赛	5.2927	1.83363
兴奋	亚洲冰球联赛	5.1636	1.48777
	摩托 GP 中国大奖赛	4.7143	1.55755
	世界沙滩排球巡回赛	4.7895	1.57816
粗犷	国际极限挑战赛	4.5484	1.65002
	上海国际马拉松赛	4.8276	1.46553
	上海国际田径黄金大奖赛	5.8095	1.45230
	亚洲 x 极限运动锦标赛	5.1190	1.71368
严肃	中国国际摩托艇明星对抗赛	4.5122	1.71933
	环崇明岛女子国际公路自行车赛	4.8448	1.64158
	中国羽毛球公开赛	5.0893	1.45573
复杂	F1 中国大奖赛	5.3333	1.72873
	汇丰高尔夫球冠军赛	3.7333	1.70057
	世界龙狮锦标赛	4.5000	1.65145
	世界自由式轮滑锦标赛	4.6415	1.40184
	网球 ATP 大师系列赛	5.5000	1.36783

表 6.9　赛事提升上海城市形象的方差分析

	平方和	自由度	均方	*F* 值	*p* 值
严肃型					
组间	7.883	2	3.941	1.542	0.217
组内	388.401	152	2.555		
总误差	396.284	154			
兴奋型					
组间	6.422	2	3.211	1.350	0.262
组内	392.450	165	2.378		
总误差	398.851	167			
竞争型					
组间	11.139	3	3.713	1.477	0.222
组内	485.247	193	2.514		
总误差	496.386	196			

续表

	平方和	自由度	均方	*F* 值	*p* 值
粗犷型					
组间	32.526	3	10.842	4.353	0.006
组内	348.696	140	2.491		
总误差	381.222	143			
复杂型					
组间	62.960	4	15.740	6.417	0.000
组内	480.722	196	2.453		
总误差	543.682	200			

对19项赛事进行方差检验，具有显著性差异（$p=0.000$，$p<0.05$）。排列前五名的赛事从高到低是：上海国际田径黄金大奖赛（$M=5.81$）＞网球ATP大师系列赛（$M=5.50$）＞F1中国大奖赛（$M=5.33$）＞世界斯诺克上海大师赛（$M=5.29$）＞亚洲冰球联赛（$M=5.16$）。除了最后一项赛事，其他四项都是在各自类型中与上海特性最相似的赛事。调查者认为，最不能提升上海城市形象的赛事是汇丰高尔夫冠军赛和世界龙狮锦标赛。这两项都与上海特性不太相似，尤其是世界龙狮锦标赛。

总之，选择体育赛事提升上海城市形象，必须选择与上海城市特性最相似的体育赛事。

（4）相关性分析

下面对本次调查所得数据采用相关性进行分析，分析哪些方面对提升城市形象的影响最大，并结合实际满意度情况进行具体分析。

这里我们主要检验四个假设是否成立，对于赛事选择，有哪些因素起着作用。数据分析共包括865个样本。但根据卡方检验，$df=15$，$p=0.00$，NFI=1.00，CFI=1.00，RMSEA=0.12。根据数据，模型不拟合。为了改进模型，我们又进行了相关性分析。共有6个因素，分别是以前对赛事的看法（e1）、以前对上海的看法（e2）、赛事个性与城市个性特征相似度（e3）、对于上海举办赛事的态度（包含4个因子：正面e4、赞同e5、喜欢e6、好e7）、提升上海的城市品牌形象（e8），以及影响来上海旅游的决定（e9）。从表6.10的数据来看，这些因素之间呈正相关。也就是说，选择体育赛事，要考虑消费者以前对于赛事的态度，因为这种态度会影响他们对于举办城市的品牌特点的看法，从而影响到城市品牌形象，以至于会影响到去上海旅游的决定。

表 6.10 赛事选择各个因素相关性分析

		e1	e2	e3	e4	e5	e6	e7	e8	e9
e1	Pearson Correlation	1	.831(**)	.667(**)	.444(**)	.419(**)	.402(**)	.399(**)	.503(**)	.320(**)
	Sig. (2-tailed)		0.000	0.000	0.000	0.000	0.000	.000	.000	.000
	N	865	865	865	865	865	865	865	835	835
e2	Pearson Correlation	.831(**)	1	.656(**)	.466(**)	.396(**)	.396(**)	.409(**)	.508(**)	.342(**)
	Sig. (2-tailed)	.000		.000	.000	.000	.000	.000	.000	.000
	N	865	865	865	865	865	865	865	835	835
e3	Pearson Correlation	.667(**)	.656(**)	1	.438(**)	.353(**)	.377(**)	.343(**)	.541(**)	.376(**)
	Sig. (2-tailed)	.000	.000		.000	.000	.000	.000	.000	.000
	N	865	865	865	865	865	865	865	835	835
e4	Pearson Correlation	.444(**)	.466(**)	.438(**)	1	.746(**)	.744(**)	.660(**)	.533(**)	.302(**)
	Sig. (2-tailed)	.000	.000	.000		.000	.000	.000	.000	.000
	N	865	865	865	865	865	865	865	835	835
e5	Pearson Correlation	.419(**)	.396(**)	.353(**)	.746(**)	1	.886(**)	.789(**)	.503(**)	.279(**)
	Sig. (2-tailed)	.000	.000	.000	.000		.000	.000	.000	.000
	N	865	865	865	865	865	865	865	835	835
e6	Pearson Correlation	.402(**)	.396(**)	.377(**)	.744(**)	.886(**)	1	.826(**)	.493(**)	.299(**)
	Sig. (2-tailed)	.000	.000	.000	.000	.000		.000	.000	.000
	N	865	865	865	865	865	865	865	835	835
e7	Pearson Correlation	.399(**)	.409(**)	.343(**)	.660(**)	.789(**)	.826(**)	1	.481(**)	.318(**)
	Sig. (2-tailed)	.000	.000	.000	.000	.000	0.000		0.000	.000
	N	865	865	865	865	865	865	865	835	835
e8	Pearson Correlation	.503(**)	.508(**)	.541(**)	.533(**)	.503(**)	.493(**)	.481(**)	1	.384(**)
	Sig. (2-tailed)	.000	.000	.000	.000	.000	.000	.000		.000
	N	835	835	835	835	835	835	835	835	835
e9	Pearson Correlation	.320(**)	.342(**)	.376(**)	.302(**)	.279(**)	.299(**)	.318(**)	.384(**)	1
	Sig. (2-tailed)	.000	.000	.000	.000	.000	.000	.000	.000	
	N	835	835	835	835	835	835	835	835	835

** Correlation is significant at the 0.01 level (2-tailed).

6.5　基于上海城市品牌的体育国际赛事引进建议

由于体育赛事对于城市营销具有重要的作用，但是并非只要是体育赛事就能与城市营销相匹配，因而，了解影响大型体育赛事的选择原则的因素有助于上海选择适合提升城市品牌形象的赛事，对于上海成为“体育中心城市”有重要的意义。

本研究主要是从市场角度研究上海城市品牌个性特征和国际体育赛事品牌个性特征相匹配的程度是否会影响调查者对于上海城市形象的正面认识。

基于以上的分析来看，上海的城市品牌特性是“兴奋型”，具有勇敢的、新潮的、令人激动的、精神饱满的、很酷的、年轻的、富有想象的、独特的、现代化的、独立的、当代的等特点。上海在2008—2019年重复举办的19项重要国际赛事形式广泛、类型多样，在类型上不仅有和上海城市品牌个性非常一致的赛事，其他四种类型也都有。

不同类型的国际体育赛事品牌是否与上海城市品牌个性特征相匹配，由于研究中数据不具有显著性差异，所以国际体育赛事品牌的个性特征不影响赛事与城市品牌特点的匹配，也就是举办赛事的类型特点不会影响城市品牌形象。

从赛事品牌特性相似度来看，复杂型和竞争型赛事与上海品牌特性非常相似、非常相符。但对这两类赛事的选择要慎重，调查者并不认为目前两类中的所有赛事都与上海特性非常相符，差异具有显著性。与上海品牌个性特征相似的兴奋型赛事，调查者认为相似度很低。19项赛事之间的相似度差异显著（$p=0.00$，$p<0.05$），相似度最高的前五项赛事是：世界斯诺克上海大师赛（$M=5.46$）＞网球ATP大师系列赛（$M=5.28$）＞中国羽毛球公开赛（$M=4.98$）＞上海国际田径黄金大奖赛（$M=4.79$）＞国际剑联男女花剑世界杯赛（$M=4.77$）。相似度最低的赛事是世界龙狮锦标赛（$M=3.88$）。

对于举办赛事的态度，举办与上海特性比较相似的赛事时，调查者的赞同度最高，举办与上海特性不相似的赛事时，调查者的赞同度比较低。对19项赛事进行方差检验，具有显著性差异（$p=0.012$，$p<0.05$）。最赞同举办的赛事排列前五名的从高到低是：网球ATP大师系列赛（$M=5.38$）＞F1中国大奖赛（$M=5.17$）＞A1大奖赛（$M=4.948$）＞世界沙滩排球巡回赛（$M=4.947$）＞中国羽毛球公开赛（$M=4.93$）。最不赞同举办的是中国国际摩托艇明星对抗赛（$M=4.12$）和世界龙狮锦标赛（$M=4.14$）。在五项最赞同举办的赛事中，两项个性特征与上海最相似，其他三项比较相似。最不赞同的两项赛事中有一项是

个性特征最不相似的赛事。

对于赛事是否提升上海城市形象，上海城市个性特征与赛事个性特征相似性同上海城市形象的提升呈正相关。这表明赛事和上海城市个性特征相似度会影响上海城市形象。这和其他研究的结论一致。选择体育赛事提升上海城市形象，必须选择与上海城市特性最相似的体育赛事。

由于相关性，在赛事选择上，要想通过国际体育赛事提升上海城市形象，要特别注意调查消费者之前对上海的态度、之前对赛事的态度，以及对上海城市个性特征与赛事个性特征的相似度的认识。

本章主要是对赛事与上海城市品牌形象之间的关系的研究方法和研究路径有了初步的了解，赛事匹配模型所要考虑的问题不仅仅是如何算出匹配度指数，还要进行一个指标体系的验证，并得出哪些因素是影响力较大的因素，可以用作上海选择赛事的评判标准。因此，要实现上海市的“体育中心城市”的目标，对上海市和国际体育赛事匹配度指标体系进行不断的完善与补充是非常有必要的。在后续的研究工作中，总结经验和提出进一步的研究思路、研究方向显得尤为重要。具体思路如下：

首先，在调查对象上，要在性别、年龄、学历、居住地、收入等方面对不同人口类型的消费者进行调查。

其次，对于赛事认知度的调查，要引入市场营销手段指标，例如媒体的作用、广告的作用、明星球员的作用，使指标体系更加完善。

最后，要重新建立赛事与城市匹配模型。

【文化对话】外籍人士谈上海国际体育赛事引进

于尔根·米塔格:体育赛事全球化发展

在过去的十多年里,体育赛事增加了很多。很多人想要参加多种体育运动,同时把这些和旅游结合了起来。你知道奥运会,你知道锦标赛,尤其是足球,足球在德国很受欢迎,其受欢迎程度是第一位的。每周末都会有许多人去体育场,所有的体育场都很拥挤。还有,根据你的问题,欧洲人在做什么事情?他们去不同的城市旅游,他们去体育场,而且他们还想待在那里。他们在酒店里待上整晚,看看周围的环境,和人们聚在一起,去餐厅,看比赛,他们会在那里待一段时间,然后他们才回家。这种事在欧洲经常发生,你知道我们有足球联赛,很多人跟随球队跑遍整个欧洲,有时相当远。科隆、巴黎,距离很近,乘火车只要几个小时,但有时会在俄罗斯有比赛。这是体育赛事。体育训练也是这样的,不仅是被动的运动,积极的运动也增加了,这是另一个观点。不同于二三十年前人们对健身的观点,现在的人们有了完整的健康意识。如果你想在生活中成功,你必须是健康的,不仅仅是精神健康,你的身体也得健康。很多人都意识到了这一点,这也是许多人运动的原因。所以运动的人增加了许多。比如夏季假期,他们会躺在沙滩上,也会游泳、潜水、冲浪。冬季假期,他们会去滑雪,尤其是在欧洲。所以体育和旅游是紧密联系的,体育旅游的市场潜力很大。

我认为在不久的将来,中国的旅游业会是一个巨大的潜在的市场。适合夏天的运动,例如骑自行车、游泳、潜水,特别是在北京冬季奥运会申办成功后,冬季运动的影响增加。我认为,冬季奥运会将促进那些冬季运动的发展。再过几年,我们可以看到更多的人会练习滑雪或者其他冬季奥林匹克运动。我认为,一些成果已经实现,市场的潜力也是非常大的。所以从整体上来讲,我们说中国的旅游业会有巨大的发展,越来越多的人走出家门,周游中国乃至亚洲、欧洲等,这可能会与运动联系起来。

慕尼黑市的成功与体育赛事密切相关。在20世纪70年代,慕尼黑市是一座很穷的城市。1972年,夏季奥运会在慕尼黑举行。两年后,世界足球锦标赛决赛也在慕尼黑举行,还有拜仁慕尼黑队,他们加快了慕尼黑市的发展。如果没有这些赛事助力,慕尼黑在过去就不会有这些进步。但与上海不同,慕尼黑当时很穷,一线城市是柏林、科隆、汉堡。对于慕尼黑来说比较容易,因为它起点很低,但上海不像慕尼黑,上海是很受欢迎的城市,根据这里的人口数量,上海已经是顶级城市。如果上海的起点像20世纪70年代的慕尼黑一样,它也许更容易有标志性的运动赛事,像网球大师杯、F1赛车。但是我认为，潜在的可能是足球。在世界范围内，我认为我们有四五个大型体育赛事，如奥运会、足球赛、F1 赛车、“超级碗”和其他一些区域性体育项目，但不是辐射全球的。总的来说，我认为必须考虑人口，你们有多少有潜力的球员呀。我认为这是迄今为止对于国家从低起点起步的良机。根据韩国、日本的经验，10 年或 15 年间，他们的足球队取得了何等的进步，我想这适用于中国，特别是上海。我知道这是困难的，它不是要花一天时间，而是要花很多时间。这不但需要基础设施，还需要培训设施，还需要某种文化、精神。我的儿子只有五岁，他会在街上踢足球，他已经习惯了。15 年前，德国足球踢得很差，他们试图改善，我们有很多运动员，但他们不是真的受支持的或有活动证明他们是最好的。

艾伦 · 泰勒 · 尼斯比特：赛事引进要有自身城市身份认同

艾伦 · 泰勒 · 尼斯比特，来自英国圣安德鲁斯，培训机构的一名英语教师，喜爱打网球。在新兴社交媒体的帮助下，他以微信语音的方式接受了采访。通过与其家乡的纵横向比较，他认为上海目前应当构建体育城市身份认同感。

上海在举办各类体育赛事方面做得很出色。上海拥有优质的场馆、丰富的经验，因此我觉得将来上海若想要举办奥运会之类的综合性体育赛事，能力不是问题。我现在就能想象出若在上海举办奥运会，那将会是多么精彩空前的画面。我相信上海一定有能力把它办好。但是有一点比较困难，那就是奥运会的举办权通常会交给那些拥有悠久历史和文化底蕴的城市。上海在这方面还不够成熟。若是去北京，你能领略到几百年甚至上千年的历史文化，但是上海可能依旧处在迷茫之中，上海对自身的文化身份认同是有疑惑的。我觉得，上海今后应该在这方面多加努力。

关于在上海举办的中国传统体育赛事，我不太清楚，因为在这方面我没做过很多研究。但总体而言，我们还是有很多可以谈的。传统的体育赛事是十分有必要被保留下来的，因为这是创造新未来的基础。其实上海可以利用特色传统体育赛事来塑造体育文化身份认同。打个比方，关于足球，世界杯通常不会在那些人们对足球根本不感兴趣的国家或者城市举办。足球在英国和巴西是一个大的体育项目，因此它们通常会拿到足球赛事的举办权。同样的道理，上海可以利用传统体育项目来塑造一个更加完美的体育城市形象，并且这是塑造上海文化的重要组成部分。上海要向世界展示，上海不是一个没有血肉和灵魂的冷冰冰的现代化国际大都市，相反，上海有其独特的传统底蕴。关于体育，上海应该展示更多的文化元素和传统魅力。除此之外，我认为上海还应该考虑发展主流体育。传统体育可能在地方层面上十分流行，但在全国乃至全世界不一定如此。所以,上海应考虑哪些运动可以拿到赛事举办权,发展哪些运动可以引起国际社会的关注,例如FIFA(国际足球联盟)的关注。想要得到更多赛事主办权,就得发展得足够好,足够吸引世界的注意力。

(口述:于尔根·米塔格、艾伦·泰勒·尼斯比特　采访和整理:上海体育大学采访团队、熊前莉)

第七章　西方体育项目本土化建设——以上海国际马拉松赛事和上海城市品牌捆绑营销策略分析为例①

马拉松原为古希腊的一个地名，而用“马拉松”命名一个体育比赛项目源自一位名叫裴迪辟的信使。公元前490年，由于波斯远征军入侵希腊时，就是在马拉松这个地方布阵，雅典派了这位信使前往斯巴达求援。这位信用了35小时走完了150千米的路程。后来当雅典人以少胜多打败了波斯人的时候，也是这位信使从马拉松跑回雅典传递喜讯，跑了42.195千米。为了纪念这位信使，人们把“马拉松”作为一项固定的比赛项目，一直延续至今。而马拉松作为赛事在1896年被顾拜旦纳入了首届奥运会。

上海建设全球著名体育城市，除了引进知名国际体育赛事以外，也在将西方的体育项目进行本土化改造，例如上海国际马拉松赛，作为上海的景观体育赛发展到如今已有多年的历史。尽管马拉松赛事是上海主要赛事之一，但它是否提升了上海城市品牌形象，目前这方面的研究不多，本章将从营销策略角度，分析上海国际马拉松赛事与上海城市品牌捆绑营销策略和手段，上海通过对赛事项目的设计，不仅集竞技、娱乐和休闲属性为一体，也突出了上海国际马拉松的本土化、个性化和差异化特点。唯有如此，该项赛事才能够获得更大的社会效益和经济效益。

7.1　上海国际马拉松赛事与其他国际马拉松赛事对比

通过将八大国际马拉松赛事在组织、参与人数、成绩、路线等方面进行对比，分析得出目前马拉松赛事有以下几个发展特点。

---

① 本文已于2012年发表在《体育科研》第33卷第2期，编者对文章部分内容进行了更新和修改。

7.1.1　参赛人数逐年增加,马拉松赛事市场越来越拥挤

从 2013 年到 2019 年,无论国外赛事还是国内赛事,参赛人数都是逐年增加的。2020 年至今,因为新冠疫情影响,也有暂停的情况,但从 2013 年到 2019 年国外大满贯五大赛事的参赛人数来看还是呈增加趋势的。表 7.1 显示了 2013 年到 2019 年国外大满贯赛事中五大赛事的参赛人数。

表 7.1　2013 年到 2019 年国外大满贯赛事中五大赛事的参赛人数数据表

五大赛事	2013 年	2014 年	2015 年	2016 年	2017 年	2018 年	2019 年
波士顿马拉松	26 839	35 671	30 251	30 741	30 159	30 188	30 351
伦敦马拉松	34 631	36 337	38 020	39 523	40 048	41 003	42 906
芝加哥马拉松	39 122	40 659	37 000	45 000	44 508	44 610	45 932
纽约马拉松	50 740	50896	50 235	51 999	51 278	53 315	54 118
柏林马拉松	37 256	29 853	37 913	37 125	40 299	41 981	45 178

不光五大大满贯赛事(波士顿马拉松、伦敦马拉松、芝加哥马拉松、纽约马拉松、柏林马拉松),国内的三大马拉松赛事(北京马拉松、厦门国际马拉松、上海国际马拉松)的参赛人数也在不断地上升。上海国际马拉松赛这些年报名的人数也在不断地增加。

7.1.2　赛事保持历史传统,尤其是城市特色与赛事的关联

作为景观赛事,马拉松路线设计要和城市的特色联系起来,从而形成自己的特色。五大大满贯赛事的主要特点是:(1)比赛充分展示城市特色景观;(2)路线安排以速度快、平坦为特点,为运动员创造佳绩提供条件,也可以提高赛事的知名度。例如,波士顿马拉松路线的起点和终点一直在变化,但是大部分原始的路线都保持着最初设计时的风格。线路中经过波士顿的著名景点如:Ashland、Framingham、Natick、Wellesley、Newton、Heartbreak Hill。还有美国芝加哥马拉松赛事,因其快速、平坦和创纪录最多的路线而闻名世界,除了速度快之外,芝加哥马拉松的路线风景也非常优美,它通过许多个不同的社区和多个当地的标志性建筑。伦敦马拉松赛也是以相当漂亮的城市风景和春天的气候吸引了来自全世界五十多个国家的选手前来竞技。

我们国内的厦门国际马拉松的比赛线路大部分路段位于环岛路和大型绿

化广场范围内，风景如画，道路平坦，被誉为世界上最美丽的马拉松赛道，也多次被国际田联评为“国际田联路跑金牌赛事”。北京马拉松赛的赛道路面平坦，科学均衡，非常有利于参赛者创造佳绩，赛道周边风景还结合了古都神韵和现代都市风貌，令选手获得独特的中国式参赛体验。

马拉松赛事最为重要的因素是景观和环境，在五大大满贯赛事或是在厦门和北京的马拉松赛事中，景观和路线设计不仅要体现城市特色，还要路面平坦、环境优美，这样才能出成绩。因此，上海国际马拉松赛事在路线设计上也要突出上海景观特色以及上海的环境保护。

7.1.3　赛事产品种类比较丰富，注重赛事与其他赛事的不同之处，同时注重吸引新的参赛人群

五大大满贯赛事产品种类比较丰富，而且各有特色。例如，波士顿马拉松赛对参赛人员的能力进行分类，有利于出成绩。所以它有残疾人跑（行动不便者、轮椅组、手动赛车组）、优秀女子马拉松、优秀男子马拉松和普通选手马拉松（包括年龄组，从 18 岁到 80 岁以上，除 18 岁到 34 岁之外每 4 岁为一个年龄组，一共 1 个年龄组）。美国芝加哥马拉松赛注重大众的体育参与，所以它分设了残疾人跑、马拉松跑（包括年龄组 16 岁到 80 岁以上，每 4 岁为一组，共 14 组），同时，还设立了 Nike 陪跑团和集体比赛。伦敦马拉松不仅和以上两大赛事有同样的残疾人跑、年龄组等分类，还同时举办：(1)Adidas 银石半程马拉松，是英国最好的半程马拉松赛事，在银石(Silverstone)的历史摩托车赛场举行，是伦敦马拉松比赛的一个热身赛。(2)Bupa 伦敦万米跑，是英国领先的 10 千米跑。(3)渣打银行大城市赛，是伦敦首屈一指的 5 千米集体公路跑。(4)Adidas 女子 5 千米挑战赛，是英国最大型的女子马拉松比赛，目的是为慈善募捐比赛。(5)维珍迷你伦敦马拉松(Virgin Money Giving)，是英国最佳青少年路跑赛事。上海国际马拉松赛事分设男女马拉松、半程马拉松、健身跑等项目，与其他马拉松赛事的一般项目比较相似，但缺乏自己的特色项目。

7.1.4　赛事不仅注重赛事成绩，还注重树立赛事的社会责任形象

在五大大满贯赛事中都有过创造世界纪录的好成绩，这对于赛事知名度的提升很有帮助。例如，柏林马拉松赛事近年成绩比较好，留下了 2008 年男子世界纪录和 2003 年男子世界纪录，以及 2001 年女子世界纪录；纽约马拉松有过一年的男子世界纪录和五年的女子世界纪录；伦敦马拉松这些年成绩斐然，不

仅有五年的路线纪录,还创造过七次女子世界纪录和一次男子世界纪录。

另外,五大大满贯赛事还特别注重社会责任形象的树立,尤其是美国的马拉松赛事。美国三大马拉松赛事都有官方的慈善机构参与。例如,波士顿马拉松有九十多个慈善机构参与,芝加哥马拉松有一百六十多个慈善机构参与,纽约马拉松也有一百九十多个慈善机构参与。赛事的这种社会责任形象也会转嫁到赛事举办城市的形象中去。在上海国际马拉松赛事中,提高赛事质量和奖金数是吸引优秀运动员的一种办法,同时还要在项目设计上进行分层设计,这样有利于赛事质量的提高。另外,在上海国际马拉松赛中没有提到慈善这个话题,未能很好地体现赛事的社会责任形象。

7.2 上海国际马拉松赛事官方网站营销问题

由于技术的进步,在推广赛事与旅游目的地品牌方面,网络成了主要的平台。在这个平台上应有什么样的消费者需要的内容,这个平台要如何和城市进行联合,这个平台要树立怎样的城市形象,都是需要策划的。

我们在研究中主要把上海国际马拉松赛事官方网站从技术和内容两个方面与我国其他两大赛事,即北京马拉松、厦门国际马拉松赛以及世界马拉松大满贯赛事中的五大马拉松赛事——波士顿马拉松、伦敦马拉松、芝加哥马拉松、纽约马拉松和柏林马拉松——进行了对比。采集的数据来自 2011 年 2 月到 2011 年 5 月中旬的 8 个马拉松赛事官方网站首页。对上海国际马拉松赛事官方网站营销中存在的问题进行了分析。

7.2.1 技术问题

我们采用链接分析法进行对比分析研究各赛事官网的关联度排名。链接分析法是在引文分析的基础上发展起来的,是网络信息计量学的一个重要方法,也是文献计量学中的引文分析法在网络中的应用。本研究主要选取网站的网页数、总链接数、内链接数、外链接数、网络影响因子和外部网络影响因子 6 个指标。

从表 7.2 可以看出,关联度系数最大的是芝加哥马拉松赛事网站,关联度系数最小的则是上海国际马拉松赛事网站。在关联度系数排名的基础上,我们比较这两个网站各项指标的数值,不难看出上海国际马拉松赛事网站在网页数、总链接数、内外链接数或网络影响子的数值上都明显低于芝加哥马拉松赛事网站。仅从总链接数这个指标来看，上海国际马拉松赛事网站与芝加哥马拉松赛事网站的总链接数相差甚远。众所周知，网络链接是网站内部信息组织及与外部联系的方式。影响网站链接特征的因素主要有网站的类型、网站设计技术、网页设计风格、网页设计者对链接的认知程度和应用目的。表 7.2 中所选的 8 个网站都是城市马拉松赛事的网站，因此在网站的类型上是相同的。所以，造成网站综合指标的关联度排名差异的原因显然在网站设计技术、网页设计风格、网页设计者对链接的认知程度和应用目的上。建议上海国际马拉松赛事网站的设计可以从这些方面着手优化，提高网站建设的质量，从而提高赛事的知名度。

表 7.2　各赛事网站的关联度排名

排序	马拉松赛事	网页数	总链接数	内链接数	外链接数	网络影响因子	外部网络影响因子	关联度
0	参考行	1380	53600	4150	98000	3630	3600	1
1	芝加哥马拉松	744	53600	367	98000	72.04	131.72	0.9623
2	纽约马拉松	368	37100	398	67900	100.82	184.51	0.8533
3	伦敦马拉松	477	25600	687	48400	53.67	101.47	0.8148
4	北京马拉松	326	30400	345	30300	93.25	92.94	0.8077
5	厦门国际马拉松	660	14100	2370	33300	21.36	50.45	0.7956
6	柏林马拉松	1380	11100	4150	9530	8.04	6.91	0.7887
7	波士顿马拉松	1	3630	1	3600	3630.00	3600	0.7850
8	上海国际马拉松	262	10500	276	22400	40.08	85.50	0.7780

7.2.2　内容问题

运用布朗(Brown)的内容分析法。内容分析法是基于市场营销学“4P”理论构建的，一共有五个一级指标：产品、定价、推广、地点和其他。根据马拉松赛事的特点，在二级指标中有所添加，共包含 37 项。产品包括赛事新闻发布、参与者资料、赛事历史、在线交易能力、纪念品目录、最终成绩、培训；推广包括球迷社区、对即将开始的赛事进行推广、多媒体内容、在线交流、下载、电子报订阅、奖金、比赛花絮、旅游信息；定价只有一项，即注册费；地点包括独特域名、比赛日程、参与者来源、比赛日信息、路线安排、历史路线；其他是除了以上方面的所有的指标，如外部链接、在线联系、超链接广告、平面广告、赛事赞助者、前方官方信息、电子布告栏、横幅广告、投票调查、公共关系信息、动画起始页、搜索引擎、慈善、环保。

统计中每个网站都用“0”和“1”来统计,“0”表示指标没有,“1”表示指标出现。

五大大满贯赛事网站对于五个指标的重要性的排列,从高到低是定价、推广、产品、地点和其他。中国三大赛事对于五个指标的重要性排列,从高到低是定价、地点、其他、推广和产品。这些数据说明世界马拉松大满贯赛事网站注重赛事品牌推广和产品。中国赛事则是把网站作为信息发布场所,而不是特别重视赛事品牌的市场推广和产品推介,这恐怕也是中国马拉松赛事品牌无法打响的原因之一。

表 7.3 五大大满贯赛事和中国三大赛事二级指标比较

	二级指标	马拉松大满贯	中国三大马拉松	上海国际马拉松
产品	总数(μ)	80	61.9	57.1
T 值	6.945	*P*	0.000	
定价	注册费	100	100	100
	总数(μ)	100	100	100
	推广总数(μ)	82.2	62.9	66.7
T 值	8.306	*P*	0.000	
分销	总数(μ)	80	88.9	83.3
T 值	10.375	*P*	0.000	
其他	总数(μ)	78.6	69	50
T 值	11.96	*P*	0.000	

通过表 7.3 的数据对比我们发现,上海国际马拉松赛事网站在内容的几个方面都相对较差。与世界五大大满贯马拉松赛事网站相比,五个方面除了分销内容外,其他都相对比较差。通过对小项目的对比发现,国际马拉松赛事网站比较注重赛事历史以及运动员培训,几乎五个大满贯赛事网站都有历史的记录,而上海国际马拉松赛事网站没有这方面的内容。另外,在与路跑迷的交流中,尤其是网上交流中,上海国际马拉松赛事网站也不太注重这个方面的内容。最后,上海国际马拉松赛事在社会责任感方面也没有体现。

与国内其他两项赛事网站比较,五个方面中除了推广内容外,上海国际马拉松赛事网站的其他方面相对较差。通过对小项目的对比发现,上海国际马拉松赛事网站也是在赛事历史以及与路跑迷的互动这两方面做得相对较差。

7.3　上海国际马拉松赛事发展优势

上海国际马拉松赛尽管目前在发展上还存在许多问题，但无论在硬件、受众，还是在政策方面，上海都是具有很大的发展优势的。

首先，马拉松赛事中关键的一个要素是路线景观。这些年，尤其是2010年世博会的召开让上海的城市面貌有了很大的变化：道路平坦宽敞，景色独特，尤其是外滩重新进行了改造，风景宜人。这些都非常适合打造具有上海特色的景观体育。

其次，受众群体这些年也有些变化。上海已经成为国际化大都市，越来越多的外籍人士来到上海定居生活和工作，他们也带来了他们的体育文化，例如对路跑的热情，这些也会对上海的马拉松运动的发展产生积极的影响。

最后，上海政府也提供了政策上的支持以促进上海国际马拉松赛的发展。在《上海市全民健身发展纲要(2004年—2010年)》(以下简称《纲要》)中的内容对于发展马拉松赛事提供了可参考的依据。

(1) 环境的建设改善提高人们对于路跑的认识。《纲要》提出建设亚洲一流体育中心城市，改善城市生态环境，会有利于创造路跑的环境，从而推动人们进行健康长跑活动，进而改变上海居民对路跑的认识，并且提高他们对于路跑的喜爱程度。

(2) 利用社区、公司等社团打造目标群体。《纲要》提出创办上海国际健身节："在举办全民健身活动周、社区健身大会、全民健身节的基础上，结合上海建设'亚洲一流体育中心城市'的目标，举办具有国际影响力、吸引力的精品健身节，将体育博览会、国际体育论坛、世界在华著名企业员工体育健身比赛、大众科学健身展示、上海友好城市运动会和体育交流等融为一体，加强与国内外体育健身组织的交流、合作和互动。"上海国际马拉松赛事是全民健身节的压轴节目，也是上海国际健身节的一部分，《纲要》已经为上海马拉松赛事的发展提出了很好的方法，结合上海国际健身节，结合社区、企业等力量打造全民健身的文化氛围，这样才有利于赛事的持久发展。

(3) 与城市品牌相结合，提高知名度。《纲要》还提出了"打造城市景观体育"："充分利用城市景观等资源，举办各种有影响力、吸引力的体育健身活动和比赛，打造上海'城市景观体育'新品牌……逐步形成国际大都市特有的城市景观体育风景线"。上海国际马拉松赛事作为城市景观体育项目之一，与城市品牌捆绑营销，在上海市政府的支持下，打造特色景观体育。

总之,上海在环境、景观、受众以及政策方面都有很好的条件来发展马拉松赛事,只要再在一些软实力方面进行提升,就可能让上海国际马拉松赛成为世界顶级赛事。

7.4 上海国际马拉松赛事发展对策和建议

以上我们针对上海国际马拉松赛发展中存在的问题进行了分析,并结合国外五大马拉松大满贯赛事和国内北京和厦门国际马拉松赛进行了对比,发现了上海国际马拉松赛事存在的问题,分析了上海发展马拉松赛事的优势。上海在硬件方面、政策方面已具有很好的发展马拉松赛事的条件,但在一些软实力方面还需要进一步的改善和加强。

根据我们的调查和研究,我们提出以下建议:

(1) 增强人们对于马拉松运动的意识,提高赛事品牌与城市品牌的匹配度

完成这一点需要做到以下几点:

1) 注重赛事遗产建设,成为增强上海居民"体育参与"意识的一个途径。这是非常关键的一点。在调查中我们发现,人们对于马拉松这项运动并不是很喜爱,这直接影响了赛事的参与度。《上海市全民健身发展纲要(2004 年—2010 年)》早已为增强人们的意识提供了政策上的支持。马拉松可以作为一项全民健身的运动以提高居民的体育参与程度,而体育参与程度与国家的发展密切相关。较高的体育参与程度是一个国家居民体质水平的保证,也是提高国家劳动效率和促进经济发展的重要条件,更是一个国家体育发展水平和经济发展水平的体现。因此,上海国际马拉松赛应该将"提高上海居民体育参与度"作为赛事的遗产——让跑步成为上海人的一种健康的生活方式——进行大力建设,而不仅仅是一项赛事,要成为一种生活方式。这项赛事在比赛组织形式上,在宣传中都要加入健康生活方式的理念,加大宣传力度,在上海居民生活中创造路跑文化,让上海国际马拉松赛成为更有意义的一项赛事。

2) 改变人们对于马拉松赛事的态度,提高赛事品牌与城市品牌的匹配度。根据调查,目标人群对于上海国际马拉松赛事的兴趣一般,认为这项赛事与上海品牌匹配度一般,举办这项赛事也不可能提升上海城市形象。因此,这也不可能影响他们到上海旅游的决定。而赛事与旅游目的地联合起来就能够改变城市形象的原因是品牌的联合。品牌的联合取决于匹配度,这种匹配度可能来源于产品属性或者目标人群对品牌的兴趣。赛事和城市相结合影响人们的旅游决定,这是因为人们对参与体育赛事的兴趣比对单纯旅游的兴趣更大,因此

能够影响这一点的还是人们对于马拉松这项运动的态度，也应归为赛事的遗产建设。

3）提高年轻一代对于跑步的认识，提高他们对于这项赛事的参与度。年轻人是未来，是马拉松赛事的主力军，鼓励他们积极参与这项运动，从而提高他们的体育参与程度，才能真正体现赛事的社会意义和社会责任感。伦敦这几年的马拉松赛事成绩斐然，与它注重青少年的培养有着密切的关系。

4）在组织比赛中，要做好两件事：①在更大的社团中创造品牌意识；②争取社团或学校的支持。组织者在项目的设计中，也可以设计普通民众可以参与的一些小的项目，或者是上海国际马拉松赛事的热身赛，这不仅有利于马拉松运动的积极开展，也可以增强人们的参赛意识。

（2）有效定位产品，创建独特的品牌，提高品牌质量，提高品牌知名度

完成这一任务需要做好以下几点：

1）在路线上突出上海特色，注意道路的平坦和独特的海派风景。环境和路线的设计既要符合马拉松赛事的特点，又要具有城市的特色，这样才能有利于赛事质量的提高。

2）在马拉松市场越来越拥挤的今天，要就如何发明有效的品牌进行创新，例如吉祥物和口号，2007 和 2008 年的上海国际马拉松赛事曾有过自己的吉祥物，一个造型具有上海特征、可爱而富有朝气的“东东”，但在这以后就再也没有了。其实这个吉祥物可以作为传统一直存在，不需要每年推出新的吉祥物，这也有利于上海国际马拉松赛事品牌形象的建立。

3）赛事项目产品要丰富，种类设置要有自己的价值取向和特色，通过特色建设，提高赛事质量，有利于运动员创造佳绩，从而提高赛事知名度。

4）加强赛事的社会责任意识。在世界马拉松大满贯赛事的网站中都有慈善机构，有的还有环保内容。这是赛事留下的一项有形遗产，更体现了赛事的社会责任感。

（3）有效利用网站，充分对赛事产品进行宣传

要加强网站建设。网站是上海国际马拉松赛事的门户，运动员报名都是首先从这个门户中了解这项赛事，甚至了解上海的。

1）提高网站技术和网站质量。从官方网站的技术方面来看，上海国际马拉松赛事官方网站表现得比较弱。从总链接数这个指标来看，上海国际马拉松赛事网站与芝加哥马拉松赛事网站的总链接数相差甚远。众所周知，网站链接是网站内部信息组织与外部联系的方式。影响网站链接特征的因素主要有网站的类型、网站设计技术、网页设计风格、网页设计者对链接的认知程度和应用目的。所选的 8 个网站都是城市马拉松赛事的网站，因此在网站的类型上是相同

的。所以,网站综合指标的关联度排名差异显然是由网站设计技术、网页设计风格、网页设计者对链接的认知程度和应用目的造成的。建议上海国际马拉松赛事网站的设计从这些方面着手优化,来提高网站建设的质量,从而提高赛事的知名度。

2)网站内容要丰富。目前,上海国际马拉松赛事网站内容比较贫乏,尤其是赛事历史方面的内容,而这在其他马拉松赛事网站上,尤其是世界马拉松大满贯的五大赛事网站上都有这个内容,而且非常丰富。上海国际马拉松赛事网站还缺乏与路跑迷的交流互动,网站只是单纯发布信息的平台。另外,网站内容中的服务内容,例如培训等比较少。可以从以上几方面进行网站的内容补充建设。

【文化对话】纽曼:体育需要去管理化

乔舒亚·纽曼(Joshua Newman),佛罗里达州立大学体育管理系教授,同时也是SHED的创始人。

里约奥运会上,美国代表队获得了金牌总数第一的好成绩,远远超过第二位的英国和第三位中国。但美国作为体育强国,真的如我们想象的那样吗?美国人都热爱体育,都有机会参与体育,美国的大众体育参与度很高吗?美国在竞技体育上的成功是因为大众体育的成功吗?

根据《体育商业杂志》的统计数据,美国体育产业从20世纪80年代的年利润30亿美元增长到90年代的90亿美元,一直到2014年的450亿美元,其增长速度达到了1000%。相反,公共体育投资却在递减,私有体育产业却成为美国经济迅速增长的一个部分。这种现象导致了美国体育和体育活动的主要问题是提供给社区、学校的体育和体育活动机会逐渐减少,甚至从公立学校的教学计划中把体育课程删减了(Newman,2014:603-615)。

2012年,有一份题为《付钱来玩》的报告中提出了几个数据,说明了这个问题的严重性。

1. 2011—2012学年政府从学校体育预算中削减了1.5亿美元,2009—2010学年削减了2亿美元。

2. 到2012年,美国40%的学校要为体育参与活动收费,这就是众所周知的“付钱来玩”。

3. 这导致了这样的结果:2009—2010年全国只有8万多女生参与体育活动,男生参与的比例增加幅度不大,相较2008年的增加比例都略有减少。

4. 低收入社区和家庭没有能力负担青少年体育参与活动的支出。

为此,我们特别走访了美国佛罗里达州立大学体育管理系副主任纽曼教授,就以上问题进行了访谈。纽曼来自美国佛罗里达州立大学经管学院,同时也是SHED的创始人,这是一个公益性的体育组织,致力于让人们享有同等的体育权利。

美国体育产业存在的问题

问:您觉得美国体育产业能够成功的秘诀是什么?

纽曼:事实上,我花了很多的精力来研究你所提的这个问题。我给一些本科生上过相关的课,我向他们说明了很重要的一点:在一定的评判标准下,美国模式只是看似成功。如果这些评判标准是经济效益、观众人数、产品销售,那么高度商业化的美国模式可以说得上相当成功。与此同时,我们的肥胖问题是世界上最严重的。在发达国家中，我们拥有最少的健康人群，孩子们参与体育运动的机会越来越少。

小孩子真正参与到运动中来的难度越来越大，因为越来越多的公共公园和学校管理的体育项目都转由私人企业管理。现在的情况是，父母每年在孩子参与棒球、篮球等运动上的开支巨大。这也是为什么越来越多的健康问题不断浮现。不仅是身体上的、心理上的问题，而且带来了教育上的问题。我们一向致力于卖出更多的球衣、更多的门票，这也正是我们的强项，无人能及的强项。事实上，我们根本不会去用体育运动来帮助大众改善现状。我认为大多数人在谈到美国模式的时候都是这样想的：瞧！他们的模式棒呆了，我们最好学着点。但是，他们只是看到了我们展现在荧幕上的盛宴，比如说一年一度的“超级碗”。他们看不到的是我所居住城市的现状，整个南部区域的体育设施糟透了。

我个人认为，这些现状说明了我们的社会把体育的商业功能作为重心，我们的社会把创造收益、市场营销、广告推广等作为要务。这些要素便构成了大家所津津乐道的美国模式。我们摒弃了真正创造价值、创造影响的体育教育和实地活动，当然还有运动场地。在佛罗里达州有这样一个例子，官方通过了一项法律，规定体育课程将不再由各个高中来执行，而是被一个叫作“虚拟课堂”的东西替代了。所以，我们现在看到的不是真正在带球运动的孩子们，而是坐在电脑前表达自己对于运动的热爱的他们。我相信这是州政府削减开支的一个手段，因为他们再也不用为场地、器械以及教师等费用而烦恼。现在，这些“虚拟课堂”是由一家私有企业管理的。每年，这家公司通过给学生们提供在线课程便可以获得巨额的收入。

单从商业模式上来说，我们的确相当成功，我们有大量的收益，还有政府眼中的高效经济。然而，从大众健康推动者的角度来看，这个模式又相当失败。

问：那么美国的职业联盟的成功对大众体育没有什么影响吗？

纽曼：再次声明，如果我们是在讨论这些体育联盟的社会责任，他们在大众心中的品牌形象相当正面，但是这些联盟作为健康运动推动者所创造的价值却不值一提，这是很令人惭愧的事实。你可以看一下当下的研究，相当具有讽刺意味。美国政府对于青年身体状况日益下降的问题的关注一点也不少，然而每年却有越来越多的资金从学校和社区的体育经费中被抽调出去。现在大约有50%的学校运动项目是收费的。我记得在我上学的时候，所有的项目都是免费的。现在一切都不同了，我们不仅要支付装备的费用，甚至需要为巴士、场地等各种事项付费。

NFL 正在与联邦政府合作开展一些项目，他们邀请过第一夫人、奥巴马、球星与学龄青年，以及低收入社区的孩子们一起玩橄榄球。问题是这种活动并不会在身体健康层面上带来任何积极的改变。他们真正的目的只是帮助 NFL 自身推广品牌，这并不是一个可持续的项目。他们也就出现这么一次，然后拍很多照片。基本上也就是在周六持续 4 到 6 个小时，然后就走了。对于孩子们来说，现在并没有系统性的项目。所以，这些每六个月一次的 NFL 活动渐渐替代了原来一周五次的体育课。

我们的问题远不止如此。以前，学校与学校之间总是在互相比赛，然后会决出一个冠军来，我记得那时我们街区附近就有一个冠军。但现在我们有一些联盟队，他们在亚特兰大进行锦标赛。所以，我们现在有了这些区域赛事。我来跟你讲一下我同事的例子，他每年都有 20 个或者更多的周末是在城外的，因为他的孩子参加了棒球循环赛。于是，每周他都会去不同的城市，租酒店、旅行，还有支付赛事费用。以上就是现在的青年级别体育比赛的管理运行方式，这一做法为赛事目的地和一些景点带来了更多的收益。现实的状况是，如果每年有 20 个周末的外出“任务”，很多家庭根本就无法承担这个压力。

问：就像你在文章里提到的那样，“体育不再是参与，而是消费”，是吗？

纽曼：没错，这的确是一个很重要的点。我觉得现在体育的重心更多的是在消费上面。体育产业的目标不是确保我们真正通过跑步来改善身体状况，也不是确保我们能在打篮球时增进友情。他们有一个更诱人的目标，即带来收益、推动消费。

体育管理的本质

问：在您的 *Sport Without Management* 一文中，您提出了一个很有意思的观点，如果体育管理的核心不是为参与者服务，那就不是真正的体育管理。您能解释一下这个观点吗？

纽曼：在美国，当谈论起体育管理时，我们并没有质疑固有的立场。然而，我们也确确实实误解了体育管理的含义。就像我在文章中所说的那样，我们在管理什么？我们到底是在管理参与其中的个体，还是在管理盈利？这里便出现了一个问题，为什么这些事情需要得到管理？

我有一个 7 岁的儿子，他很喜欢打棒球，但他只是把它作为一项娱乐活动，并借此来交朋友，所以他没有想要成为主力。我儿子的球队里有这样一个孩子，他经常参加一些有专业运动员辅导的训练营。对我儿子来说，这个训练营没什么值得羡慕的。可是，球队里的那个孩子挥棒真的很棒，球也打得很远。对于这种情况，好处就是它极大地改善了一些特定球员的经济条件。与此同时,它也在一定程度上否定了一些事情。棒球运动中有很多有趣的、自发的,还有随意的方面在不断减少,最终就会导致我的儿子不再喜欢玩棒球,因为队伍里有太多精英了。这也不能说是我的孩子可能确实不适合打棒球,反而是棒球这项运动失去了它最重要的功能,那就是被大众当作一个用来享乐、交友和锻炼的方式。我认为这种思维不仅影响了孩子和家长从运动中获得的体验感,也影响了孩子们运动的方式,甚至是教练们的训练方式。

问:所以说,体育的核心目的是乐趣,而不是选出更多的精英,对吗?

纽曼:对啊,可能你们学校里也有很多精英运动员,但是我们那里的思维更偏向于把每一个孩子培养成出色的足球运动员或棒球球员。当我们在管理体育时,我们所设想的和现实中的变化是有所出入的。我也一直提到这个问题,当我们在提到管理时,难道不应该厘清我们的真实意图吗?

通过越来越多的研究,我理解了一点。NIKE 是一家公司,它的任务是获得盈利,它会通过策略性的品牌管理、市场营销和合作关系等手段来使收益最大化。可是,7 岁左右的孩子玩棒球这件事并不需要以同样的方式来管理。体育效力于两个不同的功能。我们所经常做的就是把其中一个功能广泛地铺开到所有的方面、所有的个体。我的同事们都很棒,但是美国大部分体育管理方面的教授都在以 NIKE 模式来教学。

问:尽管在体育发展面前所面临的难题是一样的,但是我们的受众还是存在一些区别。中国的孩子们有太多来自学业和家庭的压力。时间的不足和兴趣的缺失是限制他们参与体育的两个主要因素。您对这个现状的看法是什么?我们又该如何在这种情况下来更好地开展体育项目?

纽曼:我认为你说得很对,美国的孩子们也面临着很多的压力,但和你们相比的确不值一提。其实归根到底我们都应该思考同样的一个问题:"你在体育中更倾向扮演的角色是消费者还是参与者?"现在的这一代人和体育的联系与老一辈大不相同,老一辈大概就是经常会在早晨出来锻炼的人吧。在我成长的过程中,学习与外出运动之间保持着平衡的关系。然而,现在就只是学习、学习、学习。所以说,鼓励参与正是我一直致力于从事的事情。

当然,消费也很好啊,穿戴着明星的球衣、装备也很酷。但是这样,你就变成了一个消费者、一个观众,而不是真正参与运动、创造体验的人。我认为,在某种程度上观众这个角色取代了我们作为一个体育个体去创造欢乐、去改善体质、去增进友谊的能力和热情。我成了一个积极的消费者,而不是积极的运动参与者。

政府和企业在解决产业问题上的社会责任

问：您刚才提到，政府在把它的一些问题下放给企业。那么您觉得这样的做法值不值得推崇呢？哪种方式可以更好地服务大众？

纽曼：这是一个很有见解的问题。我的想法可能会更加偏向于把一个开明的政府作为最佳选择，因为它毕竟代表着群众的利益。而且我觉得，作为一个企业，它们的目的总是赚钱。在美国有这样一个法律，如果你是一家公司的CEO，你的职责就是为该公司赚钱。如果我们是你的股东，然后你把钱款用在一个棒球队上来资助他们的球衣费用，我们完全可以告你，你也完全有可能被判入狱。简单来说就是，你没有用我们的钱来赚更多的钱。这个法律是真实存在的。所以，如果 NIKE 想做一些有社会责任的事情，它必须保障能够实现盈利。这便意味着他们的首要目标不是改善年轻人的教育和健康，而是售卖更多的 NIKE 产品。

问：所以说，作为一个企业，他们难道没有一些自愿的、不求回报的彰显社会责任的行为吗？

纽曼：这些责任必须能为他们创造更多的收益。所以，当 NIKE 和 NBA 到非洲开展一些教育项目和球赛时，他们会这样想，我们将会在这里打造一个品牌市场，我们可以有更多的来自非洲的球员加入 NBA。的确，在非洲培养球员的成本相当低。

2014 年的时候，中国政府提出了要大力发展体育市场，发展体育的商业性。这正是我们在美国已经做过的事情，但是它在使我们成为挣钱榜样的同时，也带来了更为严峻的其他问题。

对中国冬季奥运会管理上的建议

问：中国将在 2022 年举办冬季奥林匹克运动会。同时，我们的政府也一直在致力于推动体育产业的蓬勃发展。您对此有什么看法？可不可以对即将到来的北京张家口冬奥会提出一些宝贵的建议？

纽曼：这是一个很有趣的问题，首先谈到 2008 年北京夏季奥运会，大家都会说它是一个巨大的成功。那时，北京的机场、铁路，还有很多基础设施都很完善。然而我是一个很怀疑奥运会的人，我觉得雅典、多伦多、索契都挺失败的。尽管如此，我还是认为 2008 年绝对是一次成功的奥运会。

2022 年的这次奥运会将会很有趣，因为这看上去像是一次完全不同的尝试。很多举办城市投入的资金都来自私有渠道，北京则主要来自政府，我认为政府是想利用奥运会这个契机来扩展冰雪运动、兴建滑雪场、发展旅游业等。

但问题是现在还没有一个稳定的消费者群体,人们的兴趣、时间、财力等都需要考虑进去。你们虽然有十四亿多的人口,但还是有很多人是支付不起滑雪费用的。所以我认为,如果想要让这次冬奥会成功,我希望政府能够对国内的消费人群有一个切实深入的了解。

相对于2008年的奥运遗产来说,2022年的奥运遗产将面临巨大的风险。2008年是一个很好的时机,北京的发展蒸蒸日上。他们所投入的资金都发挥了积极的作用,留下了很多宝贵的遗产。那些场馆,如鸟巢、水立方和其他一些北京的场馆,我曾去过。它们每天都在被社区的居民使用。可是,如果你在郊外的山里建一个滑雪场,然后没有人去使用它,这显然要比一些建造在北京市核心位置的场馆不利得多。

所以说,做一些需求评估是不可或缺的。对于那些象征性元素,我认为它们不会达到和2008年一样的状态来转化为资本。所以,现在的关键就落到了经济的增长上。并且,我认为经济的增长有点被削弱的感觉。毕竟,大多数的场馆设施是建在北京城外的。我的建议是他们可以把标准降低一点,并保证他们所投入的资金可以真正地服务大众的需求。

(口述:纽曼　采访和整理:陈珊、宋泽宇、张子琦、姜玉香)

第八章　外籍体育人士的跨文化管理[①]

从20世纪90年代初国足聘请施拉普纳开始，这么多年间，来来往往的外籍教练不可谓不多。近些年，外籍体育球员进入中国球队的也越来越多。以足球为例，根据懂球帝的数据统计，截至2019年2月20日，中超外籍球员达到60人，中甲46人，共计106人。而近年来，还有一些外籍球员加入中国国籍，中国足协也在2019年针对这些归化球员发布了《中国足球协会入籍球员管理暂行规定》。上海在外籍球员和教练的引进方面力度也比较大，例如上港俱乐部的主教练佩雷拉，还有以前聘用的博阿斯，曾任申花主帅的西班牙人弗洛雷斯。其中不乏成功的案例，但大多数皆败走麦城。不成功的原因是多方面的，但有一点原因应该是中外文化不同而导致的冲突。以足球为例，女足前教练多曼斯基与中方教练组的配合似乎不甚默契。她先是提出撤换全部中方教练组，后又以生活习惯和个人原因等理由不愿意续约。而其继任者伊丽莎白也因为与中方领队关系不是很融洽，以及与队员相处得也不是很好，而不得不下课。另外几位外籍教练，例如克劳琛和哈恩，也遇到过这些事情。以克劳琛为例，他与中方助理之间由于训练思路和方式，以及工作方式都有很大不同，以致双方关系破裂，球队内部也存在着派系之争。在中国体育逐渐国际化的今天，体育交流也越来越多，越来越多的项目，如花样游泳、曲棍球等，也引进了外籍教练。因此，对外籍教练的跨文化管理变得越来越重要了。本章将着重从跨文化角度探讨体育项目中对外籍教练的跨文化管理策略。

8.1　中西文化差异在中西教练风格上的体现

8.1.1　文化的定义和文化四维模型

"文化"在英文中是culture，源自拉丁文，"人类学之父"爱德华·伯内特·泰勒(E. B. Tylor)在1871年《原始文化》中给文化下的定义是："文化是一个复

---

① 本章基于编者2009年发表在《科技创新导报》第15期的文章，编者对文章部分内容进行了更新和修改。

杂的总体,包括知识、信仰、艺术、道德、法律、风俗,以及人类在社会里所得的一切能力与习惯。"由此可见,文化是一种群体的行为共性,是一种社会习惯,是一种对待事物的认知。荷兰人霍夫斯坦特从管理心理学的角度对文化下的定义是:文化是组织成员或者一种区划下的人群在精神气质方面的集体性特征,这种特征使之与其他组织或人群区别开来。每个特殊群体都有自己独特的思维方式、行为习惯。他提出了著名的文化四维模型,即:(1)权力距离(power distance),指在一个组织当中以权力的集中程度和领导的独裁程度来衡量权力分配的不平等;(2)不确定性避免(uncertainty avoidance index),指人们在社会中感受到的来自不确定的、含糊的、前途未卜的情况的威胁;(3)个人主义与集体主义(individualism versus collectivism);(4)男性度与女性度(masculinity versus femininity),针对统治阶层在社会上所处的社会地位的价值标准。

8.1.2 用文化四维模型分析外籍教练和中方教练的文化差异

首先,在权力距离上,权力距离的大小直接影响上下级之间的关系,并影响下属的工作积极性和效率。西方文化中权力距离比较小,上下级之间关系平等、融洽,有利于下级充分发挥积极性;中国文化中权力距离比较大,等级森严,下级要绝对服从上级。外籍教练在管理球队时对球员的态度比较平等,和一些中国教练的管理方式不同。例如,女足前教练多曼斯基改善了中国女足的精神面貌,提高了中国女足的士气,给中国女足带来"快乐足球"的新风气。从最初中国女足姑娘有点抗拒多曼斯基,到最后由衷赞叹多曼斯基"只有她把我们当作女人看",可见多曼斯基处理权力距离的方法对队员的影响。另外,这种文化的不同也会反映在外籍教练和中国足协等相关领导的关系上面。以米卢为例,米卢与中国足协的矛盾主要是在球员的选择和战术打法安排上。中国足协的领导希望按照自己的意愿增加或者剔除一些球员,但显然这种做法忽略了外籍主帅自身的感受,也是不了解西方文化背景的一种体现。同样,这种权力距离的文化差异也导致中国足协和阿里汉之间的矛盾。与前任米卢一样,阿里汉在执教过程中也受到了来自足协的多方面限制,尤其是在选择球员和战术安排方面。由于外籍教练个性鲜明,很难轻易地接受来自中方的意见,所以造成了"你越说让谁上场,我就越不安排他出场"的尴尬局面。

其次,在不确定性避免上,西方文化不确定性避免程度较低,以个人做决策为主,而中国文化是不确定性避免程度较高的国家,不喜欢离经叛道,不愿做个人决策,比较喜欢集体参与。在我们的足球队里,一般聘请了外籍教练后,中国足协都会给外籍教练配备中方教练组,这样做的初衷原本是好的,因为这样既可以让外籍教练们尽快了解中国的“特色”国情，尽快了解中国足球的环境与中国球员等，同时也可以让中方教练从外籍教练身上学到一招半式，提高本土教练的执教能力。但由于文化的差异，外籍教练喜欢以个人决策为主，而本土教练却要在旁边给出意见，不予配合。这也是外籍教练跟中方教练组闹矛盾的主要原因。某些中方教练员处处给外籍教练出难题，让外籍教练非常不满。女足前教练多曼斯基以及她的继任者伊丽莎白都对中方教练组非常不满，同样在不确定性避免程度较高的文化中，上级要求下级服从，对下级严格控制。因此，在中国管理球队要对球员严格管理。例如，曾经是四川全兴队主教练的塔瓦雷斯在管理球队时使用了比较符合中国球队的管理方式，使全兴队在面貌上产生了很大的改变。

最后，在个人主义与集体主义，以及男性度和女性度方面，西方文化是一种男性度较高的文化，崇尚个人主义，倾向于个人的至高无上的权力；中国文化则是女性度较高的文化，崇尚集体主义，倾向于群体工作的努力和集体的回报。以克劳琛为例，比赛胜利了，功劳被归到了克劳琛一个人身上，但中方教练却认为中青队的胜利是集体智慧的结晶。

8.2　跨文化管理理论在球队管理中的体现

了解中西文化的不同，就要使用跨文化的管理。跨文化管理（cross-cultural management）于 20 世纪末在欧美兴起，主要研究和比较在不同国家和文化中的组织行为，探讨如何提高管理者在不同文化里提升管理绩效的方法。美国哈喔德·派蒙尔德根据由于文化不同而导致的管理问题提出了四种“中心论”：本国中心论、客国中心论、区域中心论、全球中心论。本国中心论强调直接移植本国管理方式到国外；客国中心论主要是主张入乡随俗；区域中心论是全球中心论的初级阶段；全球中心论是十分理想化的管理模式，即在管理方式方面，管理人才是完全没有文化色彩的。其实我们既可以把这四种中心论看作四个管理阶段，又可以把它们协调起来使用。

目前来看，大部分外籍教练来到中国执教使用的就是本国中心论。虽然这些外籍主帅有先进的体育理念，训练手段也新颖，可以使我们的球员学到很多世界先进的技战术。但大多数外籍教练来到中国后没有了解我国的实际情况和球员的情况，在训练上、管理上和赛场的排兵布阵上犯了严重的错误，导致自己的下课，例如前四川全兴队的米罗西等。足坛名将陈成达认为，所谓真才实学都是相对而言的，如果只是本本主义，与中国足球的实际情况结合不上，再先进的理论、再先进的技术也是没有用的，足球比赛必须知己知彼，因为每场比赛都要面对不同的对手,没有这个基础,一个外籍教练要想立竿见影,创造佳绩,恐怕很难。

而我们为外籍教练配备的中方教练组采用的管理理念是客国中心论。希望外籍教练入乡随俗。这种方式带来的必然是中方教练组不能用开放的心态接受外籍教练带来的先进的体育理念和技战术手段,也不能很好地帮助外籍教练很快地熟悉中国的体育制度和环境,从而导致双方关系恶化,不能很好地合作。

8.3 外籍教练的跨文化管理策略

毫无疑问,外籍教练的引进给我们的体坛带来了许多积极的影响,尽管由于文化的冲突,这些外籍教练难以在中国成功,但只要我们认识到中西文化价值观的差异,调整管理模式,就能达到双赢局面。

首先,了解并尊重不同的文化。霍夫斯坦特曾指出,人们往往在有意或无心之中坚持自己所在共同体的价值与信念,但往往意识不到自己所在共同体的价值与信念对自己的刻骨铭心的影响。在这一点上,希丁克执教韩国国家队的做法就非常值得学习。韩国有长幼有序的传统文化,而这在赛场上就会影响年轻队员的判断,因此,希丁克要求球队中年长的球员授权给年轻的队员,让他们在比赛时可以将球传给机会好的球员。而在赛场外,年轻的球员对年长的球员还是要非常尊敬的。这种既尊重客国文化,又坚持了自己训练要求的做法,证明希丁克是个跨文化管理的人才。

其次,对外籍教练和中方教练进行跨文化培训。培训可以使外籍教练了解中国体育管理制度,认识和了解对将要执教的俱乐部或国家队,学习跨文化沟通方式及冲突的处理方式,甚至是学习语言,使外籍教练能迅速适应中国环境,并和中方教练保持良好的人际关系,实现引进的目标。

再次,加强中方教练和外籍教练的内部沟通,促进合作关系的融洽。沟通是解决文化差异最有效的方法,但这种沟通在一些外籍教练和中方教练之间似乎不够畅通。例如,多曼斯基执教时要求撤换所有中方教练,而伊丽莎白又和中方领队起了冲突。由此看来,在沟通上,合作双方都要认识到应该彼此尊重,了解文化的差异,不可自负地用自己的价值标准去评价和衡量对方。

最后,在选择和管理外籍教练方面要用全球中心论。在外籍教练的选拔上,中方要与国际接轨,了解国际上教练流动的基本规则和惯例,并且遵守国际行业规范。在外籍教练的管理上,中方也要和国际接轨,用法律手段来约束和管理外籍教练。

【文化对话 1】何塞：西班牙的足球理念

何塞，西班牙足球教练，本科获得运动科学学士学位，后又获得西班牙足球协会颁发的硕士学位。有 6 年西班牙第三级别联赛球员的经历，曾经在加的斯、科尔多巴、马德里等多家俱乐部青年队及暑期训练营担任教练一职。

2009 年至 2015 年，是校园足球快速发展的时期，我国布局了校园足球定点学校五千多所，参与校园足球的学生有 270 万人，经常参加足球活动（校队）的学生超过了 20 万（校园足球人口），举办学校四级联赛 10 万场。国家体育总局每年投入校园足球的经费在 5 600 万元左右。2014 年 11 月 26 日，时任中央政治局委员、国务院副总理刘延东同志在全国电视电话会议上强调："要认真贯彻习近平总书记、李克强总理关于抓好青少年足球、加强学校体育工作重要指示精神，坚持体教结合，锐意改革创新，推进校园足球普及，促进青少年强身健体、全面发展，夯实国家足球事业人才基础。"（张辉，2016：24－30，36）但目前校园足球面临着三个主要问题：(1)资金问题。资金短缺导致校园足球在各个方面，尤其是器材供应问题严重。(2)场地问题。在我国，很多学校的操场都没有足球场大，以上海为例，很多学校尤其是小学的占地面积很小，没有场地供学生训练。(3)师资问题。在我国，专业的足球教师和教练十分短缺，很多学校都是由体育老师来兼任，由于缺乏专业技术和系统教学，学生的足球技能也得不到提高。

正是在校园足球发展的契机下，2015 年 11 月，上海市教育委员会和耐克体育（中国）有限公司联合打造的体育教育项目"活力校园"请来十位外籍足球教练，进入上海十所小学校园教足球，何塞就是十位教练中的一位。

何塞其人

Jose，这是一个非常普通的西班牙名字。我在 3 岁时就开始踢足球，主要是由于我的父亲经常在电视上看球赛，因为在西班牙，这很正常。可以在电视上看到大量的比赛，因为我们十分热爱足球。我记得在我还小的时候，母亲抱着我，与我的兄弟、父亲、外祖父一起看球赛。但我当时并不能理解，因为我实在是太小了。也许正是这种情景帮助我爱上了足球。当我 3 岁时，我的母亲说，可以去做些运动了，去学校踢球，然后再去专科学校。我们很小时就开始踢球。也许我不会说话，但我会跑的时候，我就可以踢足球。

在西班牙，天气非常好，经常阳光明媚，很适合在室外运动。我住在西班牙南部，我们有沙滩、大海、好天气和有阳光的室外马路。我们下午两三点放学。有四到六个小时有太阳的时段，我们可以踢足球、打篮球或者在海里冲浪，可以做很多的运动。孩子们回家吃晚饭、洗澡、做作业,然后很早睡觉。但在西班牙,一天有好几个小时可以做运动。父母的理念是,放学后,我回家和家人一起吃晚饭,我也许下午四点开始做作业,大概五点半或六点,我的母亲会说:"好了,去足球场踢球吧。"大概一小时或半个小时,踢好球,我们回家洗澡,大概夜里十点上床睡觉。我经常和我的兄弟像一个团队一样一起玩球。我们经常一起踢球,用头顶球。但在中国,一个家庭一个孩子,没有兄弟姐妹,不可以和家里的其他孩子一起玩。但如果有兄弟,就可以一起玩。

长大后,我在马德里攻读了五年的运动科学学位,并获得我所有的足球教练和运动医学证书。但我认为,我仍需要工作,因为我的家庭无法负担我和我的双胞胎兄弟一起去马德里学习,因为那样需要支付一大笔钱。但同时我也在做一份服务生的工作,晚上工作,我还踢球来付我的学位费。在第一年,有一个人对我说,我长得很帅,可以尝试做一名模特。我的公司会拍一些像阿迪达斯、耐克、三星、苹果的电视广告。因为我是一名运动员并且踢球,公司对我说,可以加入他们并且和一些职业球员一起工作。这对我来说是个很好的机会,因为我喜欢踢球,并且可以和一些有名的球星一起工作。我曾经和C罗一起工作过,面对面,非常近距离,一起吃饭、踢球。我还和卡西利亚斯、莫德里奇等很多国家队队员一起工作过。这对我来说非常好,因为我可以边学习边工作。我实现了见到职业球员并和他们一起踢球的愿望。这让我非常开心。

中国校园足球和人才培养的持续性

来中国做足球教练是因为我的公司。我在公司工作,所以我接受了这份工作。经过三次视频面试后,我来到了中国。

来中国之前,我在西班牙一所小学里担任体育教师。我知道中国出台了新的法律,设置了足球课来促进校园足球的发展。如果教这些孩子,也许现在他们只有10岁,但十年过后他们就20岁了,如果他们整年训练,他们可以成长很多。十年期间,也许一周踢球2到5次,他们可能将成长为另一个梅西。西班牙队是一支非常好的球队,我认为它是全世界最好的球队。但我们只有4 500万人,但就是凭借这4 500万人,我们赢得了世界杯。想象一下,在中国这么多人中可以培养多少名好的球员出来。用十年时间训练他们,也许十年后,我会回到这里,坐在这里,看中国成为第一。在西甲、英超、意甲有多少中国球员,他们需要职业的教练来教他们。因此,我决定来到这里,因为中国想要进步,想要学习欧洲的培养方式,想要发展技术和足球理念。如果政府在明年(2017年)结束了这次的校园足球培养计划,我和一起来的那些外国的教练就要离开这里,我期待着中国足球水平有所提升。中国的教练们如果跟着我训练一整年,就会接受一些我带来的西班牙的足球思维方式，他们需要保持这些方式去继续训练。如果不再去训练他们了，日复一日，他们将会忘记这些思维方式，这是一个问题。如果希望真正给那些孩子带来水平上的提升，那么这个计划必须持续四五年，甚至是十年或更长的时间。

足球哲学是每个人都参与足球，享受足球

当我第一次来到这里，我看到这些孩子的水平真是差。这些孩子不知道怎么踢足球。这对我来说太难了，因为我以前一直在职业球队里和孩子们一起训练，那些孩子，虽然他们只有 8 到 10 岁，但他们却像一支职业球队一样踢球。但在这里，当我教学时，我面临着巨大的挑战。在西班牙我训练的是职业球员，但现在却开始教一群零基础的孩子。他们什么都不懂，我把球扔过去，告诉他们把球踢还给我，但他们只是让球落下。为什么不能有一个好的协调呢？这是手和脚的协调，并且需要做一些锻炼来提高这种协调的能力。在他们学会这种能力之后，才可以开始教学，最初他们一直是用头顶球，然后是从头换到脚。要知道需要用哪只脚，但问题是这个过程如此缓慢，因为他们不知道该如何做。他们不理解规则：该如何传球？为什么要从这边而不是从另一边？我需要解释这些规则，怎么传球，为什么只能用脚，这些都是过程之一，但是我很喜欢这项工作，也能从中看见孩子们的进步。一开始我觉得很疯狂，我不知道他们能否进步，但是随着设置那些练习，最后一周我们都可以进行带球、传球以及射门的考试。三个月后，我能看到他们有了非常大的进步。孩子们知道怎么踢了，一开始他们只会随便踢，但现在他们懂得如何控制球了。或许两年后、十年后，他们会踢得更好，甚至能在不错的球队效力。

现在我们把体能培训和足球融合在一起。一开始是 80%的体能、20%的足球，第二个月是 70%的体能、30%的足球，也许最后一个月是 90%的足球、10%的体能，但一开始需要接受它。现在我知道我该怎么教他们了。来这里教授他们的同时，我也在学习着，我接受了一些新的思想。别的老师也帮助我进行教学。有时我不怎么认同他们军事化的训练方式，他们把孩子们排成一排，但在西班牙，传控的训练并非如此。在这里，他们把 25 个人排成一排，然后再放一个球，他们一一射门，然后走到线后面。如果有 25 个人而只有一个球，能重复几次这个活动呢？但在西班牙就不一样，如果我们有 20 个人，我们就有 20 个球。可以控制球 35 分钟，可以和其他人不间断地传球。一支球队是一个家，有时孩子们会打架。如果有人不给传球，他可以喊：“嘿，我在这儿，给我传球好吗？”他可以传球，这对队伍来说非常好。在西班牙，传控打法就是把球从一边移动到另外一边，但为了这样需要有熟悉的关系。需要和别人交流，三三两两地组成一个小队,因为我们需要在一起做事,在足球运动中也是如此。需要和队友考虑问题,慢慢变密切,慢慢变强。这是一项团体运动,我们就要像一个团队一样。在西班牙,他们不经常带球训练,而是训练站位。我们需要用 35 分钟去锻炼所有人,提升他们的技能。如果把所有人排成一队,这不是足球。足球哲学比足球设备更重要。足球哲学是让每个人参与到足球运动中。

但问题是,别的老师有需要的设备,但是他们并不知道如何运用。这很残酷,他们接受的是许多年前的教育,那些都是军事化的教育。他们认为,用这种方式教育孩子是很不错的。他们还需要去别的国家看看别的老师是怎么做的。我并不认同这里的军事化的做法,在西班牙我们用完全不同的方式训练。现在我用我自己的方式去训练,所有的人在草地上享受着足球。

和中国同事、学生之间的关系

我也向中国同事们学习。他们只要一句话、一个动作,就能把孩子们集中到一条线上。在西班牙这么要求孩子们十分困难,但是在这里却十分快捷。现在我一说一排,所有学生就十分迅速地集中,像机器人一样。我认为,他们也可以通过我的课堂学到东西。因为我一直和 Emile 以及别的老师一起去上课。当 Emile 来帮我时,别的老师在等待,当他们有疑问时可以来问我。下课后,我会把游戏以及规则写下来,他们也记到本子上。如果一直记下去,也许最后一年就有七八十个没见过的活动了。明年可以就这么做,我用心记住这些游戏。我何必让 30 个人排成一排呢? 我可以每排 10 个人排成三排啊。现在改变成四个人一起做活动,还可以制订更多规则,我帮助这些孩子,他们也在帮助我。当我在锻炼时可以看到他们很享受。第一次只是玩 10 分钟的游戏。我花 2 分钟吸引他们的注意力,接下来也许只要 7 分钟。因为在西班牙这很不同,西班牙所有的人都热衷运动,但在这里也许不是这样的。他们踢足球或是做其他运动 10 分钟或 15 分钟就很累了。但我会跟他们一起慢慢学习。

我还发现了一个很棒的球员,他很聪明,动作与传球都非常棒。但是他速度太慢了,也许他该减减肥。在这所学校,我们目前并没有特别棒的球员,但是他们想学、想提升,这才是最重要的。有的球员虽然踢得很好,但是不想参加训练。我不希望这样的球员在我的队里。在学校也是这样,如果他们想训练,就可以加入。或许他们踢得不好,但我不在乎,只要想训练就好。他们愿意听我指挥,这很棒,只要我说训练,所有人都同意,他们会说:"好,我们将训练这个。"这样很好,我很喜欢愿意跟随着我的训练步伐的人,他们都非常棒。但是有趣的是,我认识的一些西班牙教练里,有一位教练有着很棒的队伍,队里是一些小姑娘和稍大的女球员,其中一共有四位球员去了国家队。她们的水平都非常出色，她们之中有不同水平的球员，但都很棒。她们可以根据不同的训练方式进行练习，正如我现在这样，但是我还需要适应目前我们球员的水平，我可以像在西班牙的学校里那样训练他们。但这取决于他们的水平，据我所知还并不是很高。

我希望能够有机会，在夏天安排上一场锦标赛，把我们的球队带到西班牙，去和当地的足球队来一场比赛，这样我们的孩子们就可以知道什么样才是高水平的足球，什么样的训练方法才是好的。顺便可以去参观一下皇马的比赛，见识不一样的足球，或者去诺坎普，去玫瑰园球场看一场球。是啊，应该安排这样一次旅行，观赏西班牙的足球和领略不同地区的建筑(还有地方文化)。这对孩子们和教练们都是很不错的体验。如果一个教练能够有机会带着一个班的人去西班牙看球，或许能够极大地提升他们的水平。

在 3 月或者 4 月，我们会有静安杯比赛，之后 6 月份，我们有耐克杯比赛。U11、U12、U8，我们会参加这几场比赛。我们需要努力训练，尽管他们已经进步很多了。我们在上周已经安排了一场和其他学校的比赛，但是我仍然希望能够安排一场孩子们和家长的比赛，只是我们没有足够的时间。但或许等到下一个学期就可以安排一场这样的比赛，让孩子们和家长一起踢足球。父亲就作为孩子们的教练，当然他们会觉得这很棒。我不想现在安排有两个原因：一是现在我们没有足够的时间；二是 11 人制足球或许对孩子们没有优势。不过这在下一个学期或许能够改变，家长们会惊讶道："哦，我的孩子以前从来没有踢过足球，但他们如今已经踢得很不错了。"是的，我希望家长们觉得惊喜。现在孩子们在踢球，父母会说："对，对，我的孩子已经可以踢得很好了。如果对他们多一些期待，将会更棒！" 我也希望安排另一个机会，在餐馆里孩子们可以和家人共享晚餐，或是和他们的朋友们一起，或者和其他家长交流"对，我们已经可以将孩子带到俱乐部去踢球"。我就希望这样。他们更喜欢踢球，每到放学他们可以到当地的俱乐部踢踢球，这或许让家长们可能想知道我们是怎么训练的，水平如何。孩子们愿意去俱乐部踢球是因为他们热爱足球。家长们也觉得孩子们十分开心，在这里证明自己可以去一家俱乐部踢球。但现在需要我们为孩子提供的是在学校训练的机会，让家长们感叹："哦！我的孩子是一个真正的足球运动员，他们可以踢得很开心，或许也有些踢得不太好，但是他们很开心地进行训练。我的孩子也享受俱乐部的时光，因为对我来说最重要的应该是让孩子每天都笑得开心。"

上海印象

我认为中国是一个很棒的国家，上海也是一个很棒的城市。因为这座城市很大,所以可以做很多事。在我的国家西班牙,整个国家人口只有 4 500 万。但是在上海,人口有近 2 500 万,这已经是我们国家人口的一半了,在西班牙这简直令人难以置信。当我第一天来到这里时,我在飞机上俯瞰整座城市,我就感叹不能看到整座城市,因为它真的太大了,但这一点很好,因为我有时间可以做很多事情。我去学校工作,然后回家。我可以去健身馆,我可以和其他的球队一起踢球。在西班牙我是一名半职业球员,我在球队踢球并且在那里享受了一段非常美好的足球时光。但在这里,目前我并没有机会在另一支球队踢球,因为我要工作,我只能在每天下班后踢 20 分钟作为消遣。我晚上在这块球场遇到过一两个人,并且有一个中国人要我加入他的球队。我每周和他们一起训练两次,并且我们在周六还有挑战赛,但这仅仅是为了娱乐。

在我工作之余,我在这里作为一名足球教练教小孩子们踢足球,但在学校之外我并不教学,我训练是因为我喜欢运动,我喜欢踢足球,并且我与一支球队一起训练。我也有一名教练。我是一名足球运动员,现在也是教练,但在学校外,我只是像一名足球运动员一样踢球,而不是教练。我通常上午工作,在下午我非常自由,所以我可以做很多事情。如果我喜欢游泳我可以去游泳,如果我喜欢打篮球我可以去打篮球,但我喜欢踢足球。当我还只是一个 3 岁孩子时我就开始踢球了。在西班牙时,我每周都会在皇马训练 3 到 5 次,但是我的年龄越来越大,我有一个跟我长得一样的双胞胎哥哥,他在马德里工作,我们每周都会一起去俱乐部训练。但是当我 15 岁时,一个职业俱乐部签下了我,因此我和哥哥一起去另一个城市训练,每周训练 5 次,并且还有 1 次比赛。那时我的生活全都是足球:踢足球和教足球。但是现在我每周只能训练 2 次,并且只有 1 天踢比赛,但对我来说,如果每周我可以跟球队训练 4 次就再好不过了,但是这支球队始终不是职业球队。如果我在一支职业球队踢球,我就可以整天都训练了,但对我来说,现在我可以两者兼顾:同时工作和踢球娱乐。因为我知道,当奔跑时也许有一个人被撞到了,会摔倒受伤,也许也会摔下楼梯而无法坚持工作。但对我来说,在足球里永远不会跌倒,我将会一直坚持踢足球,因为我想我能同时兼顾踢球和教学。

上海和西班牙还是有很大不同的。当我第一个月出门时,我想为什么我从没看到过有人在街道上玩耍,在街道上玩耍在西班牙是很正常的事情。当走在西班牙的街道上时,我可以看到很多人在马路上、花园里玩耍,我很高兴可以看到那么多人运动。但在这儿不能运动,因为天黑得比较早,五六点时天就黑了,不利于运动。在西班牙我们有非常好的天气,可以做很多事情,但这儿的父母却很不同,他们普遍认为最重要的就是学习。在西班牙这是一样的,首先学习,但当完成了所有的功课后,学生可以跟我说,然后就可以去运动。但在这儿他们就总是学习。当能运动时这些孩子就抱着笔记本电脑玩，而不是运动。我也喜欢玩游戏机，我会花很多时间和我哥哥一起玩，但我更喜欢运动。科技并不能帮助这些孩子去运动，因为所有的孩子都想要玩平板电脑或游戏机，所以他们一直待在家里玩，这非常不好。可以喜欢玩这些，但不能不做运动。在西班牙有阳光的时候可以去街道上玩，但当下雨时也许可以去室内体育馆。人们总归会去运动，去踢球，去做其他运动。这个理念是不同的。我的父亲一直对我说，要做的第一件事是学习。如果不学习，如果通不过考试，就不能做运动。想踢球，那就必须学习，必须每门课拿到 8 分或者更高的分数。因此我考试从没挂过科。当我 24 岁时，我在一所大学获得了体育教育学位，然后我又获得了运动科学学位。再之后我考取了足球教练证书，然后是攻读硕士学位。我花了大概十年时间在大学里学习，这对我来说是非常重要的。我的父母教导我说学习非常重要，可以玩，但同时也要学习。但在这儿也许父母并不是这样想的，学生首先要做的是学习，只有少数人可以出去玩，去训练。

在学校我们有一个室内体育馆、一个室内田径场。空气质量不好时，我们就会去室内场馆活动或训练，但因为上海是个非常大的城市，我认为现有的室内场馆是不够的。我曾经在不同的地方训练过，如果孩子们想要做运动，他们需要非常好的场地。现在的问题是政府需要建造更多的室内场馆，而不是没有人爱运动、做运动。较少的室内体育馆不可能容纳所有的人。也许需要很多室内场所，因为人们住在不同的区、不同的地方。至少每个区要有 1 到 2 个室内体育馆可以来做运动。但目前没有那么多的场所来满足需要，并且路上有很多车，有很多楼房，也许可以在上海的郊区新建一些场所，而不是在市中心。但问题是距离很远，也许家里人就会说"就在家里玩吧"。也许他们就只能玩电脑游戏了。

结语

何塞在采访中坦率地道出了自己第一次看到中国小球员踢球时的印象："我第一次来上海，看到这些孩子的水平真的很差。"作为足球强国的西班牙无疑有自己的一套评判标准，但是当国人都开始批评时，我们就不难看出，中国的足球之梦任重道远。"路漫漫其修远兮，吾将上下而求索。"要想让校园足球长足发展，从而推动中国足球的发展，就需要一批既有专业素养又对职业热爱的教练员来开展工作。共拓这种国际合作，不仅可以提高青少年对足球的热爱，还能培养一批校园足球专业教练。

（口述：何塞　采访及整理：陈珊、商晨迪、王泽皓、洪金涛、宋杰）

【文化对话 2】托马斯:我喜欢在中国教足球

托马斯,2010 年开始做足球教练,原来在法兰克福德国甲级联赛的一家足球俱乐部的足球学校工作,2014 年跟随法兰克福足球俱乐部来到上海,管理一个为期 10 天的足球训练营,后在中国做青少年足球教练。

中德足球教育的不同

首先,教育体系不一样。德国有足球俱乐部,并且和学校建立了联系,孩子们总是有机会去练习足球。孩子们通常在下午一两点放学,回家后吃饭,写完作业,然后去足球俱乐部进行训练。但是在中国,孩子们下午 4 点甚至更晚才放学,回到家吃完饭,写完作业,就要去睡觉了。所以在中国,你只能把足球带进校园,因为放学后没有多余的时间留给孩子来踢足球。

其次,教学方式很不一样。怎么去教孩子,怎么提高孩子们的足球技术,我们的教授方法是不一样的。举个例子,在德国,对 6 岁的孩子和对 1 岁的孩子,我们都有完全不同的东西教给他们。因为不同年龄段的孩子,你要教给他们不同的东西。在中国,这里的教练总是不加区别地教给不同年龄段的孩子几乎相同的东西。他们总是做一些相同的训练。我们教孩子的方法是,当面对 6 岁的孩子、8 岁的孩子、10 岁的孩子时,我们都有结构清晰的体系去教授和训练孩子。我认为这是中德两国在足球教育上最大的区别。

和中国同事合作工作

中国同事的积极性给我留下了深刻的印象。他们非常有上进心,他们想学习新的东西。他们都热爱足球。所有的本地教练都热爱自己从事的事业。他们很上进,并且乐意去学习新的知识,他们想分享自己的看法。我也非常乐意和他们共事。因为我来自德国,我知道教练的工作不是一个人能完成的。我不会对中国教练说:"你所做的完全不对,让我来告诉你该怎么做。"我的方法是交换意见。我总是问他们很多问题:"你们是怎么想的?""你们会怎么安排训练?""你们现在会怎么训练这些孩子?"所以,对我来说,最重要的是我想从他们身上学到些什么。我想,大家可以通过交换意见来相互学习,这才是最重要的,因为他们是中国人,而我是德国人。我不能来到中国就说:"现在,我们要把一切都做得像在德国那样。"因为中国的情况和德国是不同的。你一个外国人来到这儿,不能去改变一切。这么做是不对的。正确的方法是,大家相互交流看法,找到折中的方法,给孩子们提供一个完美的项目,让他们有一个难得的机会去发展足球技巧。我们一同工作,我们要做的就是交流。我是德国教练,但我不是指挥者。我和所有的中国教练组成了我的团队。有时候，我们一起写训练计划，我们在这个过程中交流两国的文化。比如有时候，我想做一个在德国再平常不过的足球游戏，然后我的中国教练告诉我说："不好意思，你做这个足球游戏在中国不合适，因为在我们的文化里它带有不尊重人的意味。"但是在德国，那样做没有不尊重人的意思，所以我从他们身上学到了很多。在中国我不能让孩子们做这个练习，那就意味着我们不得不以另一种方式训练，让它适合中国的国情。在这期间，我学习到了更多的中国文化，同时我的中国搭档们也更加了解德国的文化。所以我一直在我的工作中将两种文化结合在一起。

中国的工作让我很有成就感

我们的项目是无偿地教小孩子足球。虽然现在规模还很小，一切都是从零开始的，但我们的理念已经在 5 所学校传播开来。这些天我们给他们上体育课，在下午每所学校都会有一支足球队接受训练。未来我们想进入上海更多的学校。上海有很多学校，我们有能力管理 100 所甚至更多的学校的球队。然后我们会举办校际足球联赛。举个例子，在上海有 50 所学校，每所学校我们都组建一支足球队。全部 50 所学校每周都会和其他学校进行比赛。像德甲那样，我们在学校里这么做，我们就有了像德国一样的体系了。孩子们在周中进行足球训练。周六所有学校相互进行比赛。我们在学校里给各个班级上体育课，我认为最困难的是每个班的人数太多了。有时候，一个班有 40 个或者 50 个孩子，这让训练和教学非常困难。我们可以通过清晰的训练体系来解决这个问题。我们把一个班分成若干小组，把他们分散在足球场上的不同区域。不会单单把他们排成两队。我们在努力尝试，让孩子们努力学习怎么在一起把事情做得更好。团队合作非常重要，足球实际上就是一种团队运动。

我有打算在这里待更长时间。我在德国做了 5 年的足球教练，但是德国和足球相关的产业已经高度发达了。你可以做出一番事业，可以赢很多比赛，你可以和最好的球队一起被荣誉包围，但是你不可能再把足球事业做得更好。但是在中国，你可以在未来 5 年、10 年甚至 15 年都有空间去发展。你可以从最基础的内容开始教孩子，帮助他们成为一名优秀的足球运动员。我对中国未来将要发展的事很有信心。我可以帮助这里的孩子们，发展这里的足球。

（口述：托马斯　采访和整理：蔡明明、陈珊、宋杰）

第九章　中西体育文化在上海融合发展——中国乒乓球学院和国际乒联博物馆

乒乓球这项运动起源于欧洲，如今在西方依然有很好的群众基础，后传到亚洲，又经日本传到中国。在 20 世纪 70 年代，我国运用“乒乓外交”开启了中美改善关系的大门。从历史发展来看，乒乓球是西方和东方关系发展中的一个重要纽带，而且这项运动在我国对外交流中曾发挥了并且一直发挥着重要的作用(李荣芝，2013：13－15，19)。

中国乒乓球学院是由国家体育总局和上海市人民政府共建的一所高等体育院校，设在上海体育学院校园内，也是目前世界上唯一以乒乓球项目为主的体育高等院校。2010 年 9 月 17 日，上海市人民政府和国家体育总局签署了共建上海体育学院中国乒乓球学院的协议。学院除了承担着乒乓球人才培养(包括本科、硕士研究生、博士研究生和博士后)、优秀乒乓球运动员培养、乒乓球科学研究以外，还担负着国际培训与推广的重要任务。从 2014 年建立卢森堡分院到 2018 年 3 月国际乒联博物馆迁移到上海，中国乒乓球学院在发展中国和其他国家的关系中发挥了重要作用。因此，十分有必要研究中国乒乓球学院的关于乒乓球运动的国际推广计划和现状，为其他体育项目的国际发展提供参考。

调研通过文献研究法归纳了乒乓球运动的国际发展和中国发展的基本情况，并在研究中国“乒乓外交”历史的基础上提出了新时期“乒乓外交”的新阶段，着重调研中国乒乓球学院在“乒乓外交”新阶段的对外活动，通过采访相关管理人员，以及活动参与人员，例如留学生、东亚希望杯乒乓球锦标赛参赛选手、教练等，对国际乒联博物馆进行调研，基于此总结中西体育文化融合发展的有效途径和策略方法，也分析了现存的问题并提出了有针对性的意见。

9.1　中国乒乓球学院国际推广的现状

从 2014 年年底至今，中国乒乓球学院的国际推广活动主要分为五种：一是在日常教学活动中招收留学生，留学生主要来自非洲、亚洲等地区的国家；二是国际学术交流；三是国际培训活动，培训地不仅在本部，还有在欧洲、美洲的；四是国际赛事交流活动（如表 9.1 所示）；五是建立跨地区的合作互动交流平台（将克冰，施之皓，2017：244 - 245）。参与的国家和地区也遍布五大洲几十个国家。

表 9.1　2015—2018 年中国乒乓球学院部分对外交流活动

时间	项目	国家(地区)	参与人数/队伍
2015.4.1—4.10	中国乒乓球学院美国旧金山湾区乒乓球训练营	美国、日本	22
2015.6.29—7.5	国际乒联"希望之星"训练营暨挑战赛	美国、巴拿马、危地马拉、德国、波兰、伊朗、以色列、俄罗斯、埃及、尼日利亚、突尼斯、马来西亚、新西兰等 30 多个国家	32
2015.7.16	2015 年上海暑期学校乒乓球项目	保加利亚、巴巴多斯、秘鲁、新西兰、拉脱维亚、德国、加拿大、斯洛伐克、英国及美国	50
2016.7.7	2016 年上海暑期学校乒乓球项目	捷克、埃及、拉脱维亚、斯洛伐克、英国、西班牙、土库曼斯坦及蒙古国	25
2016.10.23—10.31	2016 年国际乒联世界青少年挑战赛	亚洲代表队、欧洲代表队、拉丁美洲代表队、大洋洲代表队、非洲代表队、国际乒联"希望之星"代表队及中国代表队	7 支队伍
2017.7.12—7.13	第 26 届东亚希望杯乒乓球锦标赛	韩国、日本等	7 支队伍
2017.8.11	中国乒乓球学院团队赴卢森堡参加训练营	突尼斯、埃及、新加坡、印度尼西亚、伊朗、哈萨克斯坦、圭亚那、巴巴多斯等 17 个国家和地区	58
2017.10.21—10.30	威尔士乒乓球青年队的中国乒乓球学院训练之旅	威尔士	14
2017.12.12	中卢建交 45 周年乒乓球友谊赛	卢森堡	60

续表

时间	项目	国家(地区)	参与人数/队伍
2018.3.15	中刚(金)乒乓球训练交流活动	刚果民主共和国	8
2018.4.29—5.6	瑞典团体世界杯乒乓球锦标赛志愿服务	上海体育学院中国乒乓球学院	11
2018.6.28—7.2	国际乒联大洋洲高水平项目团队来中国乒乓球学院训练	国际乒联大洋洲团队	8
2018.7.6	2018年上海暑期学校乒乓球项目	英国、美国、法国、比利时、西班牙、荷兰、新加坡、秘鲁等20多个国家	44
2018.8.8—8.24	直通青奥会训练营	美国、德国、奥地利等18个国家	46

国际培训活动有长期项目和短期项目两种。长期举办的项目有：中国乒乓球学院欧洲分院集训、中国乒乓球学院美国旧金山湾区乒乓球训练营、国际乒联“希望之星”训练营。

短期培训项目主要是一些其他国家来中国本部进行的短期培训，例如：埃及国家队、智利国家队、威尔士乒乓球青年队的中国乒乓球学院训练之旅、中刚(金)乒乓球训练交流活动、国际乒联大洋洲高水平项目团队来中国乒乓球学院训练、直通青奥会训练营。

举办的国际赛事主要有：2016年国际乒联世界青少年挑战赛、东亚希望杯乒乓球锦标赛。2016年国际乒联世界青少年挑战赛是目前中国乒乓球学院举办的最高规格的国际赛事。首届国际乒联世界青少年挑战赛于2002年在匈牙利举办，之后该项赛事每年举办一次，至今已经有20年的历史，其间举办地分别有马来西亚、葡萄牙、多米尼加、塞尔维亚、南非、瑞典、日本、印度、波多黎各、危地马拉、斯洛文尼亚、巴巴多斯、埃及等国家。由国际乒联授权，2016年，这项赛事首次在中国乒乓球学院举办，由国家体育总局乒乓球羽毛球运动管理中心、中国乒乓球协会主办，上海体育学院、中国乒乓球学院、国际乒联博物馆(中国乒乓球博物馆)承办，是仅次于世青赛、青少年世界杯、U21世锦赛的国际乒联第四大青少年赛事。2016年共7支队伍参加比赛，分别是亚洲代表队、欧洲代表队、拉丁美洲代表队、大洋洲代表队、非洲代表队、国际乒联“希望之星”代表队以及中国代表队。中国乒乓球学院是从2016年开始举办“东亚希望杯乒乒球锦标赛”的，目前已成功举办几届比赛了。

9.2 国际推广活动的成效

这些对外推广活动的效果从各方反馈来看还是非常好的。

培训师资专业技术水平高，活动影响力逐渐增强。很多球员来到中国都是为了能够提高技术水平。例如来自日本的柳桥康司，作为中国乒乓球学院的留学生，他认为：“中国人口多，所以中国打乒乓球的人数也很多，乒乓球俱乐部的开展现状也很好。日本乒乓球俱乐部的环境不太好，而且俱乐部里也不是所有人都会打球，但中国俱乐部里的人都很专业。所以我觉得中国乒乓球俱乐部的开展状况很好。”他来中国的主要目的就是想学习一些乒乓球技术和文化，然后带回日本传授给小朋友。但他现在更想留在中国推广乒乓球，因为他平时在给小孩子们上乒乓球课的时候发现，还是有一些小朋友是没有接触过乒乓球的。所以他想留在中国，在上海开一家中日乒乓球馆，教那些在上海的日本居民学习乒乓球。来自澳大利亚的詹姆斯(James)曾在 2018 年乒乓球暑期学校学习，关于这次经历，他说道：“我是 2018 年上海乒乓球暑期学校的学员，这期培训有来自 20 个国家的 25 名学员，我是幸运地被选到这里的。我想来这里是因为我想学习这项运动的知识，还想进一步了解体育运动，把相关知识带回澳大利亚，这是我的愿望。这是一个很好的学习机会，我可以看看中国的乒乓球训练是怎样的，这是一次宝贵的经历。”来自西班牙的留学生桑卓·卡斯特罗(Sandro Castro)来中国乒乓球学院的目的也是如此：“我想获得更多提升，如果我能来这里学习一年的话，我就会一直在中国学习和实践。”

和国际乒联建立良好的合作关系，积极承办国际乒联的各种培训活动。目前许多国家的国家队来中国乒乓球学院培训都是由国际乒联推荐的，一些赛事、培训营也都是由国际乒联和中国乒乓球学院合作举办的。例如：中国乒乓球学院和卢森堡的联系十分密切，2014 年成立的海外分院卢森堡分院，每年都会举办海外训练营。2016 年举办欧洲分院集训，驻卢森堡大使黄长庆和卢森堡首相贝泰尔还一同到训练营进行了考察。2017 年的训练营则由国际乒联发展培训部与中国乒乓球学院欧洲分院联合主办，有来自突尼斯、埃及、新加坡、印度尼西亚、伊朗、哈萨克斯坦、圭亚那、巴巴多斯等 17 个国家和地区的 32 名运动员和 26 名教练员参加，活动包括训练、教练员讲习班、选拔赛等部分，影响力逐渐增强。

一些高水平赛事落户中国乒乓球学院并成为长期固定的赛事活动，这也有利于提高中国乒乓球学院的知名度,以及促进技术交流。中国乒乓球学院负责对外推广的张丁丁老师认为:“这些比赛确实帮助学院提升了知名度,但是学院办赛的最终的目的还是推动乒乓球运动的发展。这是一个良性循环,提升学院知名度,学院就能更好地在世界范围内促进乒乓球的发展。”在技术交流方面,东亚希望杯团体赛及男单冠军中国队朱骁睿的感受是:“我觉得这个比赛能让我学到更多的东西,因为从不同国家和地区来的人应该都是水平比较高的。有些地方他们比我做得好,所以我觉得这个比赛能让我学到更多的东西。”

推广活动形式逐渐多样化,受益面逐渐扩大。例如:从 2017 年开始,中国乒乓球学院推广了专门针对其他国家开展的短期培训活动。2015 年,埃及的乒乓球国家队来到中国乒乓球学院进行短期培训。活动结束后,埃及乒协主席阿拉·麦斯莱夫(Alaa Meshref)特别致函两封,分别代表埃及奥委会给中国驻埃及领事馆直呈国家体育总局、代表埃及乒协给中国乒乓球学院,对中国乒乓球学院提供的一切训练服务表示衷心的感谢。2017 年中刚(金)乒乓球训练交流活动由国际乒联推荐、中国乒乓球学院承办,并得到了刚果民主共和国体育部等政府部门以及中国驻刚果民主共和国大使馆的高度重视和大力支持,不仅积极响应倡议,同时推动了乒乓球运动在世界范围内的推广与发展。刚果民主共和国乒乓球协会秘书长法塔其·米歇尔(Fataki Michel)先生对此次训练安排给予了高度赞赏。2018 年,国际乒联大洋洲高水平项目团队来中国乒乓球学院训练,这也是第一支来中国乒乓球学院训练的国际乒联官方代表队。

中国乒乓球学院国际推广理念是为了发展世界乒乓球运动,在政策上采取措施积极鼓励参与。中国乒乓球学院张丁丁老师认为:“在一些国家建设分院,例如卢森堡欧洲分院,派教练员、运动员做文化交流。对于外来学习的学员,我们给他们减免了大部分费用,从各个方面提供帮助。像新西兰的 Nathan Xu 在我们这里接受训练后,从相对比较低的水平到现在已经获得了参加青奥会的资格。包括埃及也有很多人来中国乒乓球学院学习。不仅仅是对乒乓球这一项运动,对其他许多运动都有很大的推广力度。国际培训的作用还是非常大的。”东亚希望杯中国队的陈教练也有同感:“我们在国际培训这一块也做得非常好。举办夏令营活动,让一些其他国家队过来,我们都做得比较好,所以更多人会慢慢了解我们的。”

中国乒乓球学院把青少年培训、交流作为主要的活动内容,以此促进国际文化交流。国之交在于民相亲,民相亲的关键在于青年之间的交往。在国际乒联官网发布的世界男子、女子专业选手前十排名中,东亚运动员占大多数,中国、日本和韩国的女子选手包揽了前十名。这和我国乒乓球教练援外计划的顺利展开不无关系。再如,举办东亚希望杯乒乓球锦标赛的目的就在于夯实东亚地区青少年乒乓球基础，为东亚地区青少年乒乓球后备人才提供一个交流切磋的平台。20岁的比利时小伙贾思博从15岁起就跟随中国著名乒乓球教练王大勇学打乒乓球。后获得奖学金来到中国乒乓球学院学习。他个人认为来到中国后，所看到的中国完全不同于西方媒体上的中国。

积极促进中西乒乓文化的融合。例如：在上海正式落户的国际乒联博物馆就是中西文化融合的产物，而且这一事件也可以说是"乒乓外交"的新的里程碑。

9.3　国际推广存在的问题和建议

中国乒乓球学院从2010年开始筹划，到2014年正式开始运营，其国际推广理念是为了发展世界乒乓球运动。到目前为止，通过国际推广活动，我们和国际乒联建立了良好的合作关系，国际推广活动呈现多形式化，活动成效显著，培训师资专业技术水平高，活动影响力逐渐增强；通过与国际乒联联合将一些高水平赛事落户中国乒乓球学院并成为长期固定的赛事活动，有力地提升了中国乒乓球学院的知名度，促进了技术交流；活动受益面逐渐扩大；此外，中国乒乓球学院将青少年作为主要培训对象，在政策上采取措施积极鼓励参与，在积极促进中西文化融合方面成效显著。

但是，其国际推广还是存在着七个问题：第一，无论是海外训练营还是中国乒乓球学院本部组织的国际培训，多为短期的，对于运动员自身技术提高的持续发展作用不大；第二，如今的中国乒乓球学院'请进来'多，而主动'走出去'少，对普及世界乒乓球运动的效用不大；第三，如今中国乒乓球学院无论是培训、赛事还是合作，主要的人群都是世界的青少年，目前针对国外高层次、高水平运动员的项目欠缺；第四，培训强度较大，部分受训者未能适应(将克冰，施之皓，2017：244－245)；第五，推广对象聚焦体育专业人士，重在技术传播，忽略了"健身娱乐"需求；第六，媒体传播方面目前主要以消息通告为主，少有关于乒乓文化等内容，缺乏吸引力。在调研过程中，我们发现中国乒乓球学院工作做得很多，成效也很显著，但在对外宣传这些活动中做得不是很到位。大多数新闻报道都是寥寥数语，没有对过程的详细讲述、对参加者感受的采访等，这也会对中国乒乓球学院的工作总结产生影响(谭青山，2019)；第七，中国发展的技术和理论未能很好地进行翻译并传播出去。

针对以上的问题，可采取下列措施：

(1) 可以多层面搭建传播平台。无论是个人还是组织，乃至国家都可以将乒乓球技术与中国文化结合在一起进行跨文化传播,促进共同交流和发展。目前中国乒乓球学院虽和一些国家政府签订了长期合作协定,但还缺乏一些组织群体方面的合作。面对的人群还是有限的。

(2) 传播技术和理论翻译需到位。传播过程中,语言翻译是构建共同文化空间的关键,只有语言传播到位,才能将传播的效果达到最大化。

(3) 加强媒介融合,拓宽传播渠道。利用好各种媒介,尤其是新媒介,拓展中国乒乓球学院的传播渠道。成立专门的外宣部,对每个活动都进行专业的报道,积极促进中国乒乓球学院活动的开展与传播。

9.4 国际乒联博物馆——"乒乓外交"时期的中西体育文化融合产物

国际乒联博物馆原址在瑞士洛桑,2013 年 5 月,国际乒联正式宣布将位于瑞士洛桑的国际乒联博物馆迁往中国上海,并且进行"两馆合一",即将国际乒联博物馆和中国乒乓球博物馆合二为一进行建设。2018 年 3 月,"乒博馆"正式搬迁。目前正式名称是"国际乒联博物馆中国乒乓球博物馆"。

"乒博馆"现位于黄浦区世博园地块,占地面积为 5 000 平方米。馆内设置陈列展览区、公众服务区、体验互动区、藏品技术区、教育研究区等区域,已然成为沪上体育文化新地标。探访"乒博馆",从历史的角度让我们看到中西体育文化融合之路。

9.4.1 "从雷蒙湖到黄浦江"——位置迁移

国际乒联博物馆搬迁,一是出于传承乒乓球历史与文化,更好地推动世界乒乓球运动的发展;二是中国对于这项运动发展所做出的卓越贡献。2013 年 3 月,中国乒协与国际乒联会谈提出有关国际乒联博物馆的搬迁事宜。这次会谈总结了博物馆前期筹备工作成果,成立了中国乒乓球博物馆领导小组、专家鉴定小组等工作组,与会乒乓界名宿及专家认真讨论了博物馆藏品捐赠工作今后努力的方向,并纷纷踊跃捐赠了自身珍藏的具有特殊价值的乒乓球藏品。

2014 年 8 月,国际乒联、中国乒协和上海市教委三方在上海签署了《关于国际乒乓球联合会博物馆建设合作协议书》,其核心内容是将原位于瑞士洛桑的由查克·霍伊先生创建并管理的国际乒联博物馆搬迁至上海。

2014 年 11 月,博物馆选址得以确定,共有国际乒联博物馆 7 000 件藏品正式搬迁至中国上海。

2015 年 5 月，新馆建设项目开始启动。同年 11 月 12 日，藏品征集工作推进会暨藏品捐赠仪式在上海体育学院举行。

“乒博馆”建设主体责任单位是上海体育学院，同时“乒博馆”还是具有独立法人资质的专业博物馆。

9.4.2 “从雷蒙湖到黄浦江”——布局设计

“乒博馆”是基于“两馆合一”原则建设的，一共有两层：第一层是国际乒联博物馆（ITTF），第二层是中国乒联（CTT）博物馆，博物馆展品的陈列设计是按照从历史起源到发展的顺序排列的，布局上进行了精心设计，不仅可以看到乒乓球运动整个发展阶段中的特点，还能让我们看到中西体育文化融合的实质。

首先，国际馆和中国馆的布展设计各具特色，有自己的设计目的。国际馆注重展示乒乓球运动的发展规律，中国馆则更注重展示体育文化融合规律。第一层的国际馆由六个部分构成，分别是：起源英国、精彩的竞技体育、奥林匹克精神、技术发展、乒乓球的魅力、ITTF 名人堂。展馆内容布置是按项目最初的起源到项目发展成为国际赛事的时间脉络顺序进行的，它展示了乒乓球运动的发展规律，让每个来参观的人能深刻地理解这项体育项目的发展过程。第一个部分“起源英国”从乒乓球起源、客厅娱乐游戏、全球化的体育项目等方面讲述了乒乓球运动项目的最初发展，如 1902 组合油画拍；第二个部分“精彩的竞技体育”从国际乒联历史、世界乒乓球锦标赛、世界杯三个方面讲述乒乓球运动从游戏到竞技赛事的发展过程；第三个部分“奥林匹克精神”讲述了乒乓球成为奥运会项目后从第 24 届到第 31 届的故事；第四个部分“技术发展”从设备和技术战略讲述了项目发展中技术的演化过程；第五个部分“乒乓球的魅力”讲述了乒乓球运动在世界友谊和和平中所发挥的作用；第六个部分“ITIF 名人堂”讲述了截至 2016 年，66 位体育名人的故事。

第二层的中国馆则侧重从乒乓球运动在中国的发展来展示中西两种文化的融合，分四个部分来进行展示：第一个部分“中国成功基石”，这个部分的每个内容都在展示这种文化在中国从起源到稳定发展的过程，分为引入中国、早期的乒乓球活动、共和国初期、乒乓球运动发展白热化、乒乓球运动普及、职业乒乓球的魅力、健身方向的发展。这个部分的展品让我们明白为什么乒乓球运动可以融合在中国文化之中。比如为什么博物馆选择建在上海，因为上海是中国乒乓球的起源之地。再比如在中国馆里有一张明信片，这是一张由中国天津寄往比利时布鲁塞尔的明信片，印证了早期乒乓球传入中国的情形，第一次让乒乒球与中国产生了联系;第二个部分主要侧重于强调中国乒乓球运动发展的光荣之路,从乒乓球运动崛起、乒乓球运动的英雄们等方面展示该项运动在中国的发展开始具有中国特色。这个部分最引人注目的展品是1965年第28届世乒赛男子团体赛金牌,这块金牌称得上中国馆的"镇馆之宝",此金牌为庄则栋所获,十分珍贵;第三个部分从国家政策、世界乒乓球锦标赛在中国的发展、乒乓外交方面讲述了中国如何推动乒乓球竞技运动的发展;第四个部分则从科学技术层面讲述乒乓球运动在中国的发展。例如:顺风牌50号正胶颗粒拍这一展品,顺风牌是我国早期著名的乒乓球拍品牌,其产品起于20世纪30年代,由葛洪记厂生产。1949年以前,该厂是个仅有4到5人的小作坊,之后其规模才有了较快的发展。该品牌球拍的木材选料讲究、制造工艺精细,在当时的国内市场上口碑非常好。

其次,"乒博馆"的布局设计中突出"从群众中来,到群众中去"的体育发展规律。无论是乒乓球运动起源于人们的休闲运动,还是引入中国之后也同样满足了人们的休闲需求,乒乓球从休闲运动发展到竞技运动,技术、装备上的迅速发展让大量优秀运动员涌现,从而推动了人们对这项运动的热爱,随后又回到大众健身,成为大众健身中最被喜爱的运动之一。

最后,"乒博馆"的布局设计突出了中西体育文化融合的规律:引进的目的一定是符合大众休闲娱乐以及健康之需的,引进文化需要在吸收其优点的同时发展自己的特色。正如鲁迅先生在《拿来主义》里提到的:"要运用脑髓,放出眼光,自己来拿。"在中国馆的设计中,有个部分特别讲到了中国特色。中国从装备技术到技术战略方面都发展出了自己的特色,这也是乒乓球在中国能够得到广泛发展的主要原因之一。

9.4.3 "从雷蒙湖到黄浦江"——迁移的意义

国际乒联博物馆目前是世界上最专业的单项体育运动博物馆之一,在国际上一直享有较高声誉。此番落户上海,在国际层面、国内层面、上海市层面,以及上海体育学院层面都有重大的实际意义。"乒博馆"的顾馆长认为,要从三个层面来看"乒博馆"的意义。

首先是国际层面。目前馆内有原国际乒联博物馆所藏的七千余件藏品,中国乒乓文化的展品两千余件,这些展品可以将乒乓运动的发展历史完整地呈现出来。同时,"乒博馆"将成为"国际乒乓球技战术的研究高地"和"国际乒乓球运动发展的高级智库",作为国际乒联、亚洲乒联和中国乒协的重要科技文化机构。

其次是国内层面。“乒博馆”可用于公共教育，通过对人类及其环境的物质遗产和非物质遗产进行搜集、整理、保管、展出，最终实现知识传播。一方面，根据教育目标，“乒博馆”将建设奥运会乒乓球项目、世界杯乒乓球锦标赛和世界乒乓球锦标赛三大赛事特许商品经营授权研发中心、国际乒联项目发展研究中心、国际乒联藏品与社会促进中心、教育部青少年爱国主义教育基地等。另一方面，“乒博馆”也将配合上海市教育委员会关于“小学体育兴趣化，初中体育多样化，高中体育专项化，大学公共体育个性化”的教育改革举措，制订针对中小学生的专门的乒乓课程教学计划，与学校体育课程对接。

最后是上海市层面。上海作为“乒乓摇篮”培养了众多的乒乓球世界冠军，“乒博馆”来到上海，无疑为这座具有深厚乒乓底蕴的城市增添了更多的乒乓文化色彩，也成了上海建设著名体育城市的一张名片。而且上海也多次举办世界级乒乓赛事，如今“乒博馆”落户上海，有助于促进上海乒乓球运动的广泛开展。同时，“该馆的筹建、运营以及建成后拟成立的国际乒联研修中心、文献中心等项目也有利于上海深入探索、积累引入国际行业组织的可复制经验，有利于形成积极的国际组织、文化机构落沪效应。这些国际组织项目的落沪，将进一步提升上海作为现代化国际性大都市的国际影响力”(杨秀侃，顾郑军，2017:79－83)。

【文化对话】张丁丁:体育是国家的,也是世界的

张丁丁,本科毕业于上海体育学院英语专业,硕士研究生学习也是在上海体育学院新闻学专业进行的,目前在中国乒乓球学院负责外事工作,主要负责做一些对外推广工作。

中国乒乓球学院人的奉献精神和认真工作态度

进入中国乒乓球学院工作以后,我发现所有的乒乓球人都是无私奉献的,包括运动员、教练员和所有的工作者,他们在乒乓球方面的付出是一般人无法想象的。你不和他们接触,无法想象他们看到的高度,其中有些人可以为乒乓球奉献出自己的一切。我们队里面有一位女教练,一直未婚,全身心地扑在乒乓球事业中。我们的工作人员经常要下队去,进行科研等有关工作方面的支持,有的老师连续很多年过年都没有回家,待在队里,他们的奉献精神是我们常人难以想象的。乒乓球这个项目要求我们做工作非常细致,不仅仅是我们,其实世界范围内所有优秀的乒乓球相关人士做的工作都是很细致的。像国际乒联和我们合作非常多,我和他们接触了以后也发现,他们的工作做得非常非常细致。打一个比方,我们做一个训练日程表,他们的要求是表格必须以不同的色彩划分不同的训练方式,要求内容的实用性和训练的高效率。

让我印象比较深刻的是像我们国家队的运动员拿了冠军,我们知道中国乒乓球学院的科研团队在后面给了多少支持,像世乒赛、奥运会,我们中国乒乓球学院的科研团队都会跟上去,科研团队要去现场尽可能地拍摄所有对手的视频,拍完以后要立刻做剪辑和技术分析。比如,丁宁可能明天要和福原爱打比赛,她可能今天晚上就会要求看福原爱哪几场的比赛视频,我们的科研人员要立刻把视频调出来,然后教练员以及整个团队要帮他们做分析。所以说,每一次看到他们拿到冠军、金牌之后,我们的心里都是非常高兴的。我们感觉整个团队背后的努力得到了回报,这点是非常值得开心和自豪的。有些工作在外界看来是微不足道的,但我们乒乓球人就是这样,每一个微不足道的岗位上的人做的所有的小事,我们都会把它做到极致,然后组合起来就会得到一个非常完美的结果。

乒乓球为什么可以在中国发展得如此好

和这个运动项目的特点有关,像足球,起源于中国,但为什么其他国家可以发展得这么好呢?我觉得那是因为足球是一个身体对抗性的项目,由于欧洲人的体格原因,黄种人、亚洲人可能在这一方面确实相对弱一点。乒乓球这个项

目呢,我刚刚也说过了,它非常非常细,和中国人的文化和特性非常相似,你们接触一下就会知道,这些教练员抠得有多细。你把球打出去,这个球拍打开或者说倾斜的角度稍微有一点儿不一样,那个球打出去的效果就会不一样,所以我们中国人在这一方面比较细,可能是因为这个运动的特性,所以说在中国发展得会更好。但是日本的文化里面有一些特性,他们看出来的东西可能和我们不一样,做出来的研究和训练与我们也不一样,这个也比较复杂,这一块也很难用语言去表达。而且我们中国的乒乓球是最牛的,所以说我们的教练会研究新的技术。在老式技术中一些翻译什么的还比较好做,但是一旦出现新的技术,这些技术是以前从来没有过的,那么我们要怎么去翻译呢?很多时候只有中文的表述,在英文中你很难找到一个合适的词去表达它。如果你想要真正弄懂中国乒乓球技术的话,你必须学习中文,因为就算翻译也翻译不出其内核。

中国乒乓球学院对外的文化交流

首先,交流的前提在于自身有强大的技术。在中国其他不是很强的体育项目上,比如说篮球、足球之类,外国的队伍是没有和你交流的欲望的。但是中国乒乓球太厉害了,凡是国外打乒乓球的人都会特别想要过来和你交流,想问你战术,想问你平时是怎么训练的,所以接下来自然而然地就能够交流很多,然后慢慢地成为朋友,慢慢地促进文化交流。

其次,实施交流项目对于外国运动员的好处肯定是显而易见的,他们来我们这儿训练一段时间后,球技肯定是有明显的提升的。所以有好多队伍是反复来的,他们很满意这边的训练。那么对我们的好处呢,就是他们既然到这里来了,那中国乒乓球系统肯定也会通过他们带到他们的国家去,让其他国家更了解中国乒乓球的情况。同时他们的到来也是对中国乒乓球学院的一个很好的推广。从 2015 年国际乒联和我们合作开始,中国乒乓球学院在世界范围内也算是打响了名气,说到外国运动员到中国来训练,可能第一时间联想到的就是我们,所以说这是一个非常好的推广。当然,中国乒联本身也致力于乒乓球在世界范围内的推广和发展,外国运动员从我们这儿带回去优秀的战术和训练方法,本身也促进了我们目标的实现。从数量上来说的话,与日本的交流还是比较多的。目前我们在逐渐地往欧洲、中东地区发展,像伊朗这一年之内和我们的交流也是不少的。我们这边还派了一个学生去那边给人家陪练、打比赛、训练等。我们现在属于全面开花。

在欧洲,我们还建立了一个欧洲分院。欧洲分院一开始想建在德国,后来出于各种原因建在了欧洲的心脏卢森堡,这个国家虽然非常小,但是从交通等各个方面来说它都是一个中心,而且经济发展相当不错。卢森堡政府给欧洲分院的经济支持也相当大。其政府在乒乓球方面也很重视,他们也想在乒乓球方面有所推广,其实从2013年就已经开始筹建了,但真正签署这个合同是在2014年,时间应该也算是有好几年了,一直合作得都很不错。

但交流中也会有很多文化的不同。这个区别还是有的,而且更多地体现在态度方面。国际乒联有位官员,以前是乒乓球教练,当他第一次来中国的时候,发现我们称呼教练都是用尊称,我们一般都会在教练的姓氏后加上"指导"两个字。一开始这位官员不太明白为什么我们要这样做,后来他才知道,中国人对教练员都是毕恭毕敬的,我们都是像尊重老师一样去尊重他们。但是在国外不是这样的,在国外运动员都是直接叫教练名字,有时候还会抱怨,今天运动员不开心了,然后教练员就追在后面哄,和家长说,您的孩子还是非常不错的,一定要来训练啊。但这方面也可能是因为国外优秀的乒乓球运动员比较少,但是在中国,在训练馆里面,家长是不能插手训练的。在中国,你今天不高兴,以后可能就不用再来了,我们这边不缺优秀的人才。所以在这方面会有一定的文化差异,一开始其他国家的人来还很不习惯,但过了一两天之后就知道了。然后我们的教练对他们的要求也是非常严格的。在文化交流方面,中西文化肯定会有一定的碰撞。我觉得运动是无国界的,基本上他们都会和我们国家的运动员成为好朋友,会相互送礼物,甚至我们的运动员去他们国家游玩的时候也会去找他们。我觉得体育是在世界范围内交朋友的一个很好的途径。

(口述:张丁丁　采访及整理:汤祖寰、陈珊)

第十章　体育文化国际化传播特点及展望

本书的前九章分别针对中国传统文化国际化传播的现状和西方体育文化中国传播的现状从理论上进行了分析与梳理，也针对这些问题采访了一些相关领域的专家和实践人士，从实践角度进行了了解，找出了传播过程中存在的问题，并提出了相应的解决策略和建议。

10.1　体育文化国际化传播特点

中国传统体育文化国际传播具有如下特点。以武术为例，首先，武术作为国际品牌形式向外传播，运用了美国学者凯文提出的基于消费者品牌价值的CBBE模型，从品牌定位、品牌个性、品牌传播、品牌销售、品牌管理五个方面对比了跆拳道在美国营销的推广策略和NBA在中国市场的推广策略，我们发现，武术作为具有中国五千年丰富文化特色和内涵的品牌，可以构建自己清晰的品牌标识，但还未能将文化差异的核心理念找到，没能体现较强的观赏性和娱乐性，更没有体现大众化。同时，在推广中没注意功夫和武术的区别，也造成了人们对于品牌的误解，影响社会认同度。在宣传方式上力度不够，区域营销的选择力度还需要加大。

其次，武术国际化传播主要有两个路径：一个是武术竞技赛事，另一个是以太极拳为主的健康传播。在武术竞赛中，根据杰戈(Jago)和肖(Shaw)对赛事国际影响力的分类，我们可以将赛事类型分为普通赛事和特殊赛事。目前我国的武术赛事大多数都属于特殊赛事中的次要赛事，未能形成大气候，未能产生较大的国际影响。我国武术赛事主办方格局呈现多元化，既有政府单位占主导地位的，也有政府和社会力量相结合的，还有媒体力量独自承办的。参与人数，尤其是外籍运动员参与人数也在逐渐增加，说明赛事的影响力也在不断地增强。但是影响面还是以东南亚、俄罗斯等国家和地区为主，西方的参与还是比较少的。商业方面的推广也有一定的成效，例如，对规则进行了修改和统一，增加了赛事的观赏性和趣味性，吸引了不少消费者，武术商业赛事推广手段多样，效果比较明显,武术商业赛事注重使用媒体的宣传,以及对各种媒体形式的运用。特别是充分利用新媒体形式建立互动式平台,将观众和赛事联系在一起。但是存在的问题是:其一,这些赛事中在国际上影响比较大的并不多;其二,传统的武术赛事还是存在着规则不统一的现象;其三,群众基础不好。在对中外受众对于武术赛事的态度和消费的调查中发现一个共同的现象,即本土消费者和外籍消费者都在认为武术赛事令人激动、有用、有益的同时,又认为这种赛事是无关的、多余的、无所谓的。

以太极拳为主的健康传播主要具有以下特点:(1)太极拳在西方的传播历史可以分为四个阶段:民国时期至中华人民共和国成立,20 世纪 50—70 年代,20 世纪 80—90 年代,20 世纪 90 年代至今。而对太极拳健康价值的关注开始于 20 世纪 90 年代,也可分为四个分阶段:1992—1995 年开始对太极拳健康价值有所认识,但主要研究女性身体反应;1995—2004 年开始研究太极拳对人体平衡能力的改善;2004—2007 年开始将太极拳引入社区,研究习练太极拳在改善老年人健康、缓解压力、增强力量,以及伤后康复等方面的作用;2007 年至今,关于太极拳的健康功效有更广泛的研究和应用,不仅研究范围不断扩大,涵盖精神康复、肌肉控制、提高老年人平衡能力、预防跌倒、缓解骨关节炎症状等领域,研究也将惠及更多人群。(2)太极拳传播中的问题主要是不了解受众需求、传播内容重技术轻文化、翻译滞后、缺乏可参考的高质量相关书籍、已有的著作对文化阐释不足等,这些都影响了太极拳对外传播的进程。(3)在太极拳国际健康传播过程中有四个传播途径:大众传播、人际传播、组织传播、自我传播。其中,最为有效的途径是大众传播和组织传播。(4)太极拳译介传播中,从社会学角度来分析,对郑曼青作品的译介,译介模式具有原著的名家模式、译者的互补模式、翻译手段的多元模式、传播途径的网络模式、受众的需求模式。在传播过程中,郑曼青本人的综合资本、出版社的综合资本、作品的适销性、译者的综合资本为提升作品的传播影响力起到了重要作用。

西方体育文化在中国传播中具有如下特点。以上海建设全球著名体育城市为例,主要体现在:一是公共体育健康环境的建设;二是体育赛事的引进、管理和发展;三是体育国际人才的引进和管理;四是国际体育本土化以及反向传播。

第一,从在沪外籍人士的角度对上海建设体育城市的现状进行了调查,结果发现:上海与世界知名体育城市的差距在于体育文化特色不明显、市民体育知识需更加丰富、在体育场所须规范个人行为、体育信息传播不太畅通等。结合这些问题,我们提出了三点建议:(1)继续发扬上海体育传统文化,融合世界体育文化,在体育赛事引进方面打造特色“海派”体育文化;(2)通过加强城市对内对外体育宣传，提升市民体育素养，打造与上海全球著名体育城市相匹配的市民体育文化形象；(3)努力营造良好的体育环境，创造体育参与机会。

第二，建设体育城市，一个重要的建设方面即国际赛事的引进。本书从赛事品牌与上海城市形象匹配度的角度展开了研究，基于阿克(Aaker)品牌特性调查表分别对上海城市品牌特性和国际赛事品牌特性进行了调查，也对消费者对于体育赛事和城市品牌的态度进行了调查。调查结果发现，上海在2008—2018年连续举办的19项重要国际赛事形式广泛、类型多样，从类型上不仅有和上海城市个性非常一致的赛事，还有其他四种类型的赛事。而且选择的国际体育赛事品牌的个性特征不影响赛事与城市品牌特点相匹配，但对于举办赛事的态度，举办与上海特性比较相似的赛事时，被调查者的赞同度最高，举办与上海特性不相似的赛事时，被调查者的赞同度比较低。另外，对于赛事是否提升上海城市形象，上海城市个性特征与赛事个性特征相似性与上海城市形象的提升呈正相关。因此，选择赛事还是要选与上海个性特征相似的赛事，这对于提高上海城市形象有一定的作用。

第三，体育国际人才的引进和管理。这些年上海各个体育俱乐部或者体育队都引入了不少外籍教练、外籍球员，他们的跨文化管理成了一个主要的问题。本书从文化四维模型进行了分析，提出了四条建议：首先了解并尊重不同的文化，其次对外籍教练和中方教练进行跨文化培训，并且加强中方教练和外籍教练的内部沟通，促进合作关系融洽，最后还要在选择和管理外籍教练方面应用全球中心论。

第四，国际体育本土化以及反向传播。20世纪50年代，中国乒乓球队在国际赛事上开始崭露头角，并且不断地推陈出新，在技术上不断创新，在人才培养上也是人才辈出。这些年，中国一直引领着世界乒坛的发展，成立了中国乒乓球学院，一方面对海外球员开放大门，和一些国家队建立了培训协议，派教练员进行培训，也多次举办训练营等让海外球员来学院学习。这种交流中培训师资专业技术水平高，活动影响力逐渐增强，和国际乒联建立良好的合作关系，积极承办各种培训活动，一些高水平赛事落户中国乒乓球学院并成为长期固定的赛事活动，也有力地提高了中国乒乓球学院的知名度。推广活动形式逐渐多样化，受益面逐渐扩大，这种不仅把项目本土化，而且还进行发展，并对世界进行反向传播的模式是值得推广的。

综上所述，我们可以发现，在这些体育文化传播中，结合拉斯维尔的5W传播模式来分析，有几个要素起着重要的作用：(1)文化品牌的核心理念。这是传播中最核心的要素。例如，武术在国际化传播中在核心理念方面做得不够到位，影响了优秀人类文化遗产的国际化传播。(2)传播渠道和方式选择。传播中选择恰当的传播渠道,可以让目标受众方便获取。例如,研究发现,太极拳传播效果较好的方式是组织传播和大众传播;方式的选择上考虑目标国文化的特点并用合适的方式进行,会起到事半功倍的效果。再例如武术典籍翻译方面,目前很多翻译质量不符合目标文化的语言特点,受众看不懂。(3)受众的需求。体育文化品牌的传播,不是为了传播文化而传播,只有考虑到目标受众的文化需求,才能让受众自然接受外来文化。例如,越来越多的科学研究证明太极拳的健康功效,也越来越受到西方受众的欢迎,越来越多的人愿意学习太极拳。相反,在竞赛方式推广上,由于没有考虑受众的健康需求而导致传播效果不明显。(4)传播效果。这包括对文化冲突的认识,不做文化霸权式的推广,以及扩大影响力的传播途径的选择两个方面。这四个要素组合起来可以完成国际体育品牌本土化传播过程(如图 10.1)。

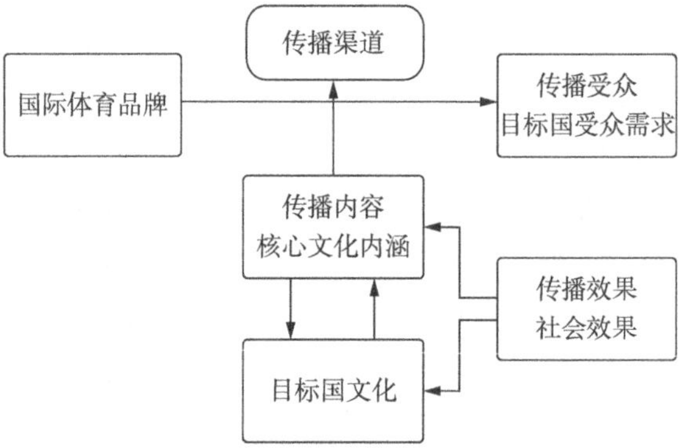

图 10.1 国际体育品牌本土化传播过程

国际体育品牌本土化传播就是当体育品牌达到国际化高度时,根据目标受众文化环境,在维护产品核心理念的同时,结合目标受众需求,确定传播视角,适当地根据市场环境调整品牌文化特色展现方式,运用恰当的传播手段和方式,减少文化冲突,将体育品牌成果进行本土化传播。

10.2 体育文化国际化传播展望

首先,体育文化国际传播是必然的,多元文化并存是人类社会发展不可逆的大趋势。进入 21 世纪以来,全球化进程逐渐加深,从 20 世纪上半叶交通工具打破了地域限制,到下半叶的媒介电子通信技术更加打破了时空的限制,但产业的全球化的确也引发了反全球化的抗议运动,而 2020 年年初发生的全球性的新冠疫情似乎让全球化进程突然停止了。但民族共存是人类生活方式，多民族文化接触、交流与融合，“和而不同”才是未来的发展趋势（郭镇之，2020：4－6）。体育文化作为一种特殊的文化形态，随着信息技术的发展和广泛运用，各种体育文化之间的交流日渐增多，程度超过了人类历史上任何一个时期。

其次，体育文化的国际化传播需要在理念上有所转变，即从“跨文化”向“转文化”的理念转变。传统的“跨文化”是传播方居于文化优势地位，向文化低位的传播地域输入意识框架和文化内涵，而跨地域之间的文化差异会产生摩擦，传播效果是在文化对抗发展后得到的低效率结果。而“转文化”传播模式是以人类命运共同体为核心理念，推动文明平等交流互鉴。这种模式的感情基础就是“共情”。在传播学中，“共情”是在情感共鸣驱动的基础上，消解异质文化带来的原本无法跨越的鸿沟，让受传者能够自主产生与传播者编码同向的解码方向，从而达到传播者的传播目的的“转文化”核心点。共情以达到“转文化”的作用机制在于，生产能够引起情感共鸣的传播内容或使用熟悉的传播平台等手段，弱化异质文化间的排他性，拉近不同文化主体间的距离，从而产生理解和认同，最终可以使得受众自发地进行点赞、转发，随即引发下一轮更大面积的文化宣导，即从认知层面、态度层面、行为层面来正向影响受众对异质文化的价值评价和接纳效率。

而未来体育文化国际化传播，例如武术国际化传播，也是把中国传统体育的竞技精神、中国文化内涵进行全球化扩散，涉及的国家和地域较繁杂，为了保证传播质量，需要通过“共情”考虑传播接收方的本国、本地域文化情况，采用当地人更能接受的方式和内容，对传播的精神及文化进行“转变”，在不改变精神内核的前提下，更多地结合当地人、当地事来宣传，运用好该地域更习惯的语言符号、文化模式、传播渠道，还可以邀请当地的名人或体育明星作为“文化领袖”，帮助改进“输入文化”水土不服的窘境，以达到更广、更深层、更多面的传播效果。

参考文献

1. Cheng Manching, R. W. Smith. T'Ai CHI: The "Supreme Ultimate" Exercise for Health, Sport, and Self-Defense [M]. Vermont: Charles E. Tuttle Co, 1967.
2. Cheng Manching, R. W. Smith. T'Ai CHI: The "Supreme Ultimate" Exercise for Health, Sport, and Self-Defense [EB/OL]. [2019-12-26]. https://www. amazon. com.
3. Cheng Manching, R. W. Smith. T'Ai CHI: The "Supreme Ultimate" Exercise for Health, Sport, and Self-Defense [EB/OL]. https://www. goodreads. com.
4. Cheng Manching. Cheng Tzu's Thirteen Treatises on T'ai Chi Ch'uan [M]. California: North Atlantic Books, 1985.
5. Cheng Manching. Cheng Tzu's Thirteen Treatises on T'ai Chi Ch'uan [EB/OL]. [2019-12-26]. https://www. amazon. com.
6. Cheng Manching. Master Cheng's New Method of Taichi Ch'uan Self-Cultivation [M]. California: North Atlantic Books, 1999.
7. Cheng Manching. Master Cheng's New Method of Taichi Ch'uan Self-Cultivation [EB/OL]. [2019-12-26]. https://www. amazon. com.
8. Cheng Manching. The Annotated Thirteen Chapters: Master Cheng's Thirteen Chapters on T'ai-Chi Ch'uan [M]. New York: Sweet Ch'i Press, 1982.
9. Cheng Manching. The Annotated Thirteen Chapters:Master Cheng's Thirteen Chapters on T'ai-Chi Ch'uan [EB/OL]. [2019-12-26]. https://www. amazon. com.
10. G. Browm, L. Chalip, L. Jago and T. Mules. Developing Brand Australia: Examining the Role of Events [C]. Destination Branding: Creating the Unique Destination Proposition, 2004: 2792305.
11. Genette, G. Paratexts-Thresholds of Interpretation [M]. Cambridge: Cambridge University Press, 1997.

12. Gross, A. With New Leaders, North Atlantic Books Looks Ahead [EB/OL]. [2020 - 01 - 15]. https://www. publishersweekly. com/pw/by-topic/industry-news/publisher-news/article/66228-with-new-leaders-north-atlantic-books-looks-ahead. html.
13. Hall C. Hallmark Tourist Events: Analysis, Definition, Methodology and Review. The Planning and Evaluation of Hallmark Events[J]. Urban Studies, 1991, 28(5): 822.
14. ITTF. Museum Opening in Shanghai [J]. Table Tennis History Journal, 2018(4):1 - 34.
15. Jago. L, R. N. Shaw. Special Events: A Conceptual and Definitional Framework. Festival Management and Event Tourism, 1998, 5(1 - 2):21 - 32.
16. Kevin Lane Keller. Conceptualizing, Measuring, and Managing Customer-Based Brand Equity [J]. Journal of Marketing,1993, 01(01): 1 - 22.
17. Kim S, Lehto X Y. Projected and Perceived Destination Brand Personalities: The Case of South Korea [J]. Journal of Travel Research, 2013, 52 (1): 117 - 130.
18. LaRochelle, D. Making the New Appear Old The Daoist Spivituality of Chinese Martial Arts in Taiji Quan Manuals Published in America [J]. Noua Religio. 2014 (3): 64 - 83.
19. Lowenthal, W. There Are No Secrets—Professor Cheng Man-ch'ing and His Tai Chi Chuan [M]. California: North Atlantic Books, 1991.
20. Newman J. Sport Without Management [J]. Journal of Sport Management, 2014(28):603 - 615.
21. Ryan, A. Globalisation and the "Internal Alchemy" in Chinese Martial Arts: The Transmission of Taijiquan to Britain [J]. East Asian Science, Technology and Society: An International Journal. 2008 - 2(4):525 - 543.
22. Werris, W. North Atlantic Books Transforms with the Times [EB/OL]. [2020 - 01 - 15]https://www. publishersweekly. com/pw/by-topic/industry-news/publisher-news/article/54169-north-atlantic-books-transforms-with-the-times. html.
23. Yuksel Ekinci, Sameer Hosany. Destination Personality: An Application of Brand Personality to Tourism Destinations [J/OL], Sage Paper, 2006, Vol 45, Issue 2: 127 - 139.
24. 鲍晓英. 中国文化"走出去"之译介模式探索——中国外文局副局长兼总编

辑黄友义访谈录 [J]. 中国翻译，2013，34(5):62－65.
25. 曹明伦. 关于对外文化传播与对外翻译的思考——兼论“自扬其声”需要“借帆出海” [J]. 外语研究，2019，36(5):77－84.
26. 陈鹏，戴俊，华桦. “一带一路”倡议下中国武术的跨文化传播 [J]. 体育成人教育学刊，2019，35(2):51－56.
27. 陈小利. 陈氏太极拳国外传播与发展研究 [D]. 开封:河南大学，2015.
28. 菲利普·科特勒. 营销管理——分析、计划、执行和控制 [M]. 上海:上海人民出版社，2002.
29. 弗恩斯·特朗皮纳斯,彼得·伍尔莱姆斯. 跨文化企业 [M]. 北京:经济管理出版社,2007.
30. 甘丛婷. 世界新格局下中国武术国际传播方略研究 [J]. 武术研究，2016，1(7):17－20.
31. 郭玉成. 中国民间武术的传承特征、当代价值与发展方略 [J]. 上海体育学院学报，2007，31(2):40－44.
32. 郭镇之. 逆全球化背景下的跨文化传播:困境与对策 [J]. 对外传播，2020(8):4－6.
33. 国务院. 国务院关于印发全民健身计划(2016—2020 年)的通知 [EB/OL]. http://www. gov. cn/xinwen/2016－06/23/content_5084638. htm. 2016 年 06 月 23 日 [引用日期 2019－08－24]
34. 胡安江，胡晨飞. 再论中国文学“走出去”之译者模式及翻译策略——以寒山诗在英语世界的传播为例 [J]. 外语教学理论与实践，2012(4):55－61,54.
35. 将克冰,施之皓. 乒乓球国际推广路径研究——以中国乒乓球学院为例 [J]. 当代体育科技，2017(17):244－245.
36. 杰克·特劳特,史蒂夫·里夫金. 新定位:定位战略的新进展. [M]. 北京:中国人民大学出版社,2014.
37. 金定海，杨婷婷. 对 Keller CBBE 金字塔模型的反思与重构 [J]. 广告大观(理论版)，2014(6):29－36.
38. 金艳. 1947 年版《太极拳》英文本考论 [J]. 成都体育学院学报，2019，45(6):74－81.
39. 雷雨. NBA 媒体营销策略:从全球到中国 [J]. 湖北体育科技. 2020(9):808－811,837.
40. 李彬. 接受美学视角下中华传统文化典籍的翻译 [J]. 海外英语，2018(19):1－2.

41. 李臣. 我国武术赛事品牌建设研究 [D]. 武汉:华中师范大学，2016.
42. 李龙，虞定海. 全球化时代中国武术教育发展的思考 [J]. 上海体育学院学报，2009，33(4):81-84.
43. 李荣芝. 我国乒乓球跨文化传播研究 [J]. 体育文化导刊，2013(8):13-15，19.
44. 里奥·艾瑞克·亚历山大. 体育与城市营销:欧洲经验 [M]. 北京:东方出版社,2006.
45. 刘东锋. 城市营销中体育赛事与城市品牌联合战略研究 [J]. 武汉体育学院学报，2008(5):38-41.
46. 刘韬光，郭玉成. 太极拳健康传播阐析 [J]. 搏击(武术科学)，2012，9(7):19-22.
47. 卢安. 武术类英文版图书国外发行现状研究与启示 [J]. 内蒙古农业大学学报(社会科学版)，2014，16(3):150-152.
48. 卢元镇. 体育社会学(第四版) [M]. 北京：高等教育出版社，2018.
49. 陆小黑，吴杰. "一带一路":应对全球化语境下中国武术发展的空间非正义 [J]. 天津体育学院学报，2019，34(6):540-546.
50. 马昕. 从传统武术的功能看传统武术的发展策略 [J]. 当代体育科技，2016,6(4):133-134.
51. 米夏埃尔·兰德曼. 哲学人类学 [M]. 阎嘉，译，贵阳:贵州人民出版社,2006.
52. 邱丕相. 中国武术文化散论 [M]. 上海:上海人民出版社,2007.
53. 上海市体育局.《2020 年上海市体育赛事影响力评估报告》解读 [EB/OL]. (2021-06-05) http://tyj. sh. gov. cn/zcjd1/20211112/644f50dd4dd6485d9c579430e5b48b3b. html.
54. 史友宽. 体育文化国际传播的实践考察与理念探索 [D]. 开封:河南大学，2013.
55. 田学建，邱丕相. 全球化视野中传统武术发展策略研究 [J]. 中国体育科技，2007(5):49-52.
56. 谭青山. "一带一路"背景下中国乒乓球运动国际化发展路径研究 [D]. 沈阳:辽宁师范大学,2019.
57. 汪宝荣. 国家外宣机构发起中国文学外译机制社会学分析——以鲁迅作品英译出版项目为例 [J]. 燕山大学学报(哲学社会科学版)，2019，20(4):10-16.
58. 汪宝荣. 中国文学译介传播模式社会学分析 [J]. 上海翻译，2019(2):1-6.

59. 王春赢. 国内外品牌形象理论研究综述 [J]. 现代商业，2015(22):49－50.
60. 王珺. 2012 年新闻出版走出去亮点解析 [J]. 出版参考，2013(7):26－27.
61. 王守恒,叶庆晖. 体育赛事的界定及分类 [J]. 首都体育学院学报，2005,17(2):1－3,21.
62. 肖焕禹,李文川,方立. 上海建设国际知名体育城市研究. [J]体育科研，2010,31(2):1－6.
63. 谢天振. 译介学 [M]. 南京:译林出版社，2013.
64. 徐玉凤，殷国明. "译传学"刍议:关于一种跨文化视野中的新认识——对谢天振先生译介学的一种补充 [J]. 江南大学学报(人文社会科学版)，2016，15(1):99－105.
65. 严翰秀. 郑曼青对杨式太极拳的贡献(上) [J]. 武当，2011(8):27－28.
66. 杨素香. 太极拳在美国的传播:一项基于美国大众媒体语料库的研究 [J]. 体育科学，2017，37(3):68－78.
67. 杨秀侃,顾郑军. 媒体融合背景下体育博物馆文化传播研究——以国际乒联博物馆(中国乒乓球博物馆) 为例 [J]. 渭南师范学院学报，2017(4):79－83.
68. 张辉. 我国校园足球未来发展的注意问题——以我国首批校园足球布局城市学校足球发展情况为借鉴 [J]. 北京体育大学学报，2016,39(5):24－30,36.
69. 张俊杰，刘舟. 传统武术的发展困境及制约因素分析 [J]. 武术研究，2016，1(3):10－12.
70. 张玉超. 上海市建设国际一流体育大都市发展战略研究 [J]. 南京体育学院学报,2011,25(1):75－79.
71. 赵丽. 基于跆拳道推广模式启示下的中国武术国际化发展路径研究 [J]. 当代体育科技，2017(25):254－256.
72. 郑曼青. 曼髯三论 [M]. 北京:海豚出版社，2014.
73. 郑曼青. 郑子太极拳十三篇 [M]. 台北:兰溪图书出版有限公司，1979.
74. 郑曼青. 郑子太极拳自修新法 [M]. 台北:兰溪图书出版有限公司，1981.
75. 朱宝锋. 太极拳英语研究 [J]. 体育文化导刊，2014(7):188－191.